积极心理学在学前
儿童家庭教育中的应用研究

侯 艳 周维林 高智耀◎著

延邊大學出版社

图书在版编目（CIP）数据

积极心理学在学前儿童家庭教育中的应用研究 / 侯艳, 周维林, 高智耀著. -- 延吉：延边大学出版社, 2022.9

ISBN 978-7-230-03864-5

Ⅰ . ①积… Ⅱ . ①侯… ②周… ③高… Ⅲ . ①人格心理学－应用－学前儿童－家庭教育－研究 Ⅳ . ①B848 ②G78

中国版本图书馆CIP数据核字(2022)第172770号

积极心理学在学前儿童家庭教育中的应用研究

著　　者：侯　艳　周维林　高智耀
责任编辑：柳明秀
封面设计：文　亮
出版发行：延边大学出版社

社　　址：吉林省延吉市公园路 977 号　　　邮　编：133002
网　　址：http://www.ydcbs.com　　　E-mail：ydcbs@ydcbs.com
电　　话：0433-2732435　　　传　真：0433-2732434
印　　刷：廊坊市广阳区九洲印刷厂
开　　本：787 毫米 ×1092 毫米　1/16
印　　张：9.25
字　　数：200 千字
版　　次：2022 年 9 月第 1 版
印　　次：2022 年 9 月第 1 次印刷
书　　号：ISBN 978-7-230-03864-5

定　　价：68.00 元

前　言

积极心理学是一门关于人类心理繁荣和获得最佳体验的条件及实现过程的科学。个体心理繁荣和最佳体验，涉及如何体验更多的积极情感，发扬品格优势，使人生更多的时间处于沉浸体验而非焦虑或无聊之中，增强心理韧性，提升智慧和创造力等。团体心理繁荣和最佳体验，涉及如何创设积极的团体氛围，增进成员之间的信任感、亲密感、安全感、归属感，提升团体的凝聚力和协作效率等。社会心理繁荣和最佳体验，涉及如何优化社会制度，使人们更多地处于双赢关系而非输赢关系之中，更多地处于成长焦虑而非回避损失焦虑之中，有利于人性向更高境界演化。

儿童教育最关键的阶段是家庭教育，它是学校教育的起点和基础。通常来说，家庭是孩子成长的摇篮，父母是孩子的第一任老师。尤其在孩子的早期教育中，正确的家庭教育可以为孩子一生的健康成长打下良好的基础，同时起着学校教育难以起到的基础作用。那么，正确的教子观、明确的教子目标，以及智慧的教子艺术就是一个成功父母的必备能力。父母在跟孩子相处的时候，面对孩子成长过程中表现出来的行为，有时会不知所措甚至是惊慌失措，他们无法理解孩子的一些行为，往往也就不知道接下来该怎么做。其实，孩子在成长过程中，其心理、性格、情绪都有必然的发展特点和规律。如果父母懂得一些心理学，用心理学教育孩子，可以解决不少的教育烦恼。

基于此，本书从积极心理学的基本理论入手，对学前教育课程理论基础、学前教育与家庭教育指导、不同内容的学前儿童家庭教育、积极心理学背景下学前儿童综合发展，以及积极心理学在学前儿童家庭教育中的应用等方面展开了详细的叙述。本书在撰写上突出以下特点：第一，内容丰富、详尽，时代性强。不仅涵盖学前教育课程理论知识，而且对学前教育教师的专业发展也有系统性的分析。第二，理论与实践结合紧密，结构严谨，条理清晰，重点突出，具有较强的科学性、系统性和指导性。第三，结构编排新颖，表现形式多样，便于读者理解与掌握。可以说，这是一本为从事积极心理学专业的工作者以及学前儿童家庭教育的研究者量身定做的教育研究参考用书。

在本书的撰写过程中，笔者参阅、借鉴和引用了国内外许多同行的观点与成果，在此，对有关同仁表示衷心的感谢。另外，由于笔者水平有限，书中难免有不足之处，敬请读者批评指正。

目 录

第一章 积极心理学的基础认知

第一节 积极心理学与积极教育

一、积极心理学

1998年，在美国心理学会主席的就职演说上，马丁·塞利格曼向与会者阐述了"积极心理学"的理念，使心理学的研究与实践方向开始转变。

心理学有公认的三个重要目标：第一，帮助人类解除痛苦；第二，帮助人类追求幸福；第三，识别与培养天赋。当下，心理学界在第一个目标上已经取得了令人瞩目的成就。咨询心理学有精神动力学、认知行为疗法、叙事疗法、焦点疗法、合作对话疗法等，可谓流派林立、百家争鸣。对于人类所面临的各种心理问题、心理障碍，心理学家们已研究出许多系统而有效的方法去分析、缓解及治疗。

然而，心理学界针对第二个和第三个目标所做的却远远不够。著名社会心理学家大卫·麦亚斯所做的元分析研究总结了20世纪60年代到21世纪初的所有心理学文献，发现研究消极的议题（如焦虑、抑郁、心理障碍等）与研究积极的议题（如幸福感、感恩、优势品格等）的比例为21：1。心理学家对于消极议题的关注和研究要远超过积极议题。心理学家擅长去分析与治疗心理疾病，却不擅长教会人们如何在没有病痛的时候，更好地追求美好生活。鉴于此，马丁·塞利格曼提议并发起了积极心理学运动，以社会心理学为基础设立了积极心理学这一分支，从而鼓励与支持心理学家、社会科学家、行为学家、数据科学家去研究、发展积极取向的心理学课题，以实现心理学最初的目标——解答"如何追求幸福"及"如何培育天赋"。

在马丁·塞利格曼的倡导下，积极心理学作为一门新的领域得以迅速发展，所以马丁·塞利格曼又被尊称为"积极心理学之父"。尽管如此，第一个提出积极心理学理念的人并不是马丁·塞利格曼，而是人本主义心理学的创始人之一、著名心理学家亚伯拉罕·马斯洛。

如果对关于人类的心理学真的感兴趣，就应该将那些自我实现的人、心理健康的人、成熟的人和基本需求已经满足的人作为研究对象，因为他们比那些符合现在心理学研究标准的人更能够真实地代表人类。与目前的消极心理学——研究病人或者普通人的心理学相比，研究健康人的心理学完全可以被称为积极心理学。积极心理学的研究对象不是有心理疾病的人，而是那些人群中最卓越、最优秀、最成功、最善良的人，如世界体育冠军、顶尖发明家、技艺高超的棋手、心理素质强大的人等。积极心理学家想要知道是什么让一些人跌倒了七次却仍然有第八次爬起来的力量，是什么让一些人最终能够实现人生的理想，他们身上有哪些可以研究并值得学习的地方？

不同于咨询心理学主要服务于存在心理障碍的人，积极心理学的服务对象是所有人。在我们的社会中，大部分人都是心理健康的人，对于大部分人要如何提升心理能量，提升心理健康程度，活得更加富足、有意义与有价值感，积极心理学会给予相应的基于实证研究的指导。

塞利格曼等人提出，积极心理学研究的问题包括以下三大类：积极的主观体验（幸福、愉悦、感激、成就）；积极的个人特质（个性力量、天分、兴趣、价值）；积极的机构（家庭、学校、商业机构、社区和整体社会）。

积极心理学是一门研究生命从开始到结束的各个阶段的学科，它着重研究那些使得生命更有价值和更有意义的东西。它旨在回答一个问题，即如果我们不想挥霍我们的生命，我们该做些什么？

必须清楚，积极心理学并不是快乐心理学，也不是心灵鸡汤，更不是成功学，人生并非时时快乐。积极心理学家深刻地认识到，我们的生命存在着许许多多的不如意、艰难、困苦甚至是苦难。人的生命中总会有许多的负面情绪，如悲伤、痛苦、抑郁、绝望等。但也存在美好的、积极向上的一面：在绝望之中会有希望，在悲伤之中会有安慰，在痛苦之中会有坚强与成长，在逆境之中会产生对生命更加深刻的理解和爱，而这些正是积极心理学家所关注的。

积极心理学相信，每个人身上都有美好、善良的种子，而积极心理学家通过科学研究去了解与探索这些美好的特质要怎样才能被培育、怎样才能被发展、开发后又要怎样保持，最终找到我们要怎样才能够过上一个幸福而有意义的人生的答案。幸福、有意义的人生是一个结果，积极心理学家的工作就是要用科学的方法去发现得到这个结果的原因是什么，以及如何用科学的方法去"栽培"这些"原因"。

二、积极教育

积极心理学因其强大的实用性和适用性，被广泛应用到各个领域，包括军事、健康、组织行为、人文、教育等。积极教育是将积极心理学应用在教育领域的实践结果。积极教育旨在培养学生的积极品格以及创造幸福人生的能力。积极教育不仅关注学生的学业技能，还致力于培育他们健全的人格品质，提升他们的情绪管理、人际交往、生活投入、建构意义等核心能力，以帮助学生追求有价值感、意义感、幸福感的蓬勃人生。积极教育涉及教育学、心理学、脑神经科学、公共政策、健康科学等多个新兴的学科领域。积极教育在世界范围内已经得到了大规模的实践及运用。

在我国，积极教育的发展与实践也有多年的历史，超过百所学校进行了深度的积极教育研究实践。

第二节 积极教育的内涵和意旨

一、积极教育的核心——实证主义科学

现代科学的哲学基础在于实证主义。在日常生活中，我们有时会说"这不科学"或"这很科学"，其实是指代某件事物不正确或正确。实际上，科学性是指某个结论或做法是否依从了实证主义的思想基础，用科学的研究范式去观察、归纳与验证了自然、人文之中存在的规律，并积累了相应假设的证据。

积极教育的核心特征是以实证主义的哲学为基础，与积极心理学的理论及实验结论相结合，进而形成一套系统的教育实践方法。积极教育的基础理论、教育模式、课程设计、教学指导、实践活动、积极干预等内容，皆以实证、定量的心理学研究结论和证据为基础，积极教育持续发展的动力引擎在于庞大的科研系统。对于世界各国的积极教育实践项目，世界各地的心理学家、行为学家、数据学家都在积极地进行定性、定量的研究，他们不断去观察、假设、验证、修正积极教育的基础理论、实验操作与实践方法。

在每一所实践积极教育的学校，我们都提供一套定量的心理与行为测量评估系统。通过成熟的测评方法，如科学量表、结构化访谈、田野调查等，对学生的身心状态进行定期、定时、定量的测量，以掌握学生各项身心指标的变化规律。家长与学校能够清楚地了解积极教育实践项目在这个学期中会提高和改善学生的哪些指标，如幸福感、焦虑感、抑郁感、自尊水平等，以及验证干涉效果如何。这些数据指标也极大地帮助了教育者、心理学家有针对性地对课程进行反思、调整与提升。

此外，这套心理与行为的测评系统能有效地帮助学校筛选出潜在的心理问题，如抑郁症、焦虑症以及有行为问题的学生，从而对这些学生进行及早干预，以避免暴力行为甚至更严重事件的发生。

二、积极教育的功效——提升群体的心理免疫力

如果将学生的心理健康状况按照从低到高的顺序放在一条水平线上，当学生数量足够多的时候，学生心理健康程度的分布就会呈一条正态分布曲线。位于左侧低于正常心理健康状态的学生，暂且称之为"心理脆弱的学生群体"；而高于正常心理状态的学生群体，我们称之为"心理杰出的学生群体"。我们国家要求每一所学校至少要配备一名心理咨询师，建立心理咨询室。目前，我们接触到的大部分地区的学校都已经有较为完善的心理咨询室了，有些学校的咨询室里面还会有沙盘、发泄室等，这些是非常有必要的。学校应要求所有学生都参与积极教育课，课程的核心目标就是增强每一位学生的心理韧性，而非仅仅使少数学生受益。做一个比喻，如果说传统心理咨询、心理治疗发挥着类似于医院的作用的话，那么积极心理学就发挥着类似于健身的作用。当人们生病时，需要去医院治病，这是非常必要的。而对于如今大部分人来说，他们并没有生病，只是处于亚健康或者健康状态，如果他们想要提升自己的健康水平，那么就需要去锻炼身体。通过锻炼身体，增强自身免疫力，强化身体素质，这样自然就会少得病了。

传统的心理治疗如同在悬崖下放置急救车，去拯救那些从山下掉落的人，但是积极教育所做的事情是在山上放置护栏，防止人们从山上掉下去。积极教育是通过增强学生的正向、积极、阳光的心理能量，来预防学生发生心理问题。

积极心理学与健身的不同之处是，积极心理学对那些处于痛苦状态的心理疾病患者同样有效。一项实证研究表明，心理学家对患有重度抑郁症的病人采取了三种不同的治疗方案，即积极心理学治疗、认知行为疗法以及控制组疗法。结果发现，采用积极心理学治疗方法治疗的这组产生了更好的疗效，而且该组患者的疾病复发率更低。

正确实施了积极教育之后，全体学生的心理健康水平都会有不同程度的提升，不仅"心理脆弱的学生群体"减少了，而且"心理杰出的学生群体"也增加了，原本处在中间的健康群体的心理健康水平也提升了。世界各国众多的关于积极教育实施效果的实证研究均表明，积极教育能有效地降低学生产生抑郁症、焦虑症、行为问题以及自杀事件的发生率，并且能有效提升学生的自尊、自信与乐观的水平。有些研究甚至发现，学生的成绩也随之得到了提升。

第三节 积极教育的特性与中国本土化

一、积极教育的特性——良好整合现有的德育体系

教育者可以将积极教育与传统德育工作、本校教育体系进行良好的融合，而不仅仅是上课、做活动、讲理念。

（一）积极教育与德育课堂相契合

德育工作的教育目标是培养德、智、体全面发展的学生。对于目前大部分学校来说，德育工作只是停留在讲故事、课堂灌输等表面形式上，不能深入学生的内心。积极教育的重要目标之一，就是用实证主义的方法来培养学生的品格优势与美德，这与传统德育课堂的培养目标不谋而合。积极教育通过大量的实验研究，从各国众多的实践中提取出被证明有效的方法，测评各个学生身上独特的品格优势与美德，并且通过开展系统的、持续的教学活动，以及认知引导、行为指导的方式开发学生的优势品格。

（二）积极教育的理念和实施相融合

积极教育的理念和实施能够与传统教学科目，如语文、数学、英语、历史、地理、体育、音乐等有机融合。例如，针对体育课中的长跑，教师可以先识别出学生的坚毅行为，然后运用行为强化的反馈技术来强化学生的这种行为。而教师长期使用这种方法教学，则可以培养学生的韧性。总之，任教者可以在传统课程的教学过程中嵌入积极心理学的核心理论，如目标设定理论、精深练习等，从而达到教学目标。

当一个教师深谙积极心理学理论时，就能够在自己的日常教学中自如地使用适合的教育方法。

（三）积极教育的理念和方法贯穿于师生的日常交流中

推行积极教育理念和教育目标不仅能在课堂中使学生受益，同时，积极教育还是一种思维方法、是一系列的基础理论、是系统的指导原则。

教育者需要在课堂内外向学生传播积极教育的理念。教师应该在与学生的日常对话中通过积极、适时、有效的回馈技术去欣赏学生的品格优势、强化其品格行为以及激发其形成成长型思维模式。

例如，一个真正发自内心热爱数学，能体会到数学之美的教师，无须说明数学有多么重要，学生也会因教师的行动自然地被数学吸引，发现数字之美。一位活得精彩的教师，也能够感染全班的学生。

二、积极教育的中国本土化

由于大部分的积极教育起源于西方国家，因此有教育学家担心西方的理论体系可能不适合中国文化。这也体现了积极教育本土化工作的重要性。任何一门学科的发展都有其特定的历史条件，我们应当批判性地学习，取其精华，去其糟粕。积极教育在中国的实践已有十多年的发展历程了，我国的教育学家、心理学家和教育工作者都在努力地根据中国文化、当地条件持续地改良以及适应性地发展符合中国国情、具备中国特色的积极教育。至今，经清华大学心理系与积极心理学中心直接指导，并深度实施积极教育的学校在全国已有数十所，如清华大学附属小学、凤凰城中英文学校、江阴中学等。

实践基地学校的多样性和差异化程度高，其中既包括小学、初中、高中、职业中学，也包括私立学校、公立学校及国际学校。实践学校根据所处地区的管理规定、本校特色和教学需求，会对积极教育项目进行适当调整并进行再创造，形成自己的特色。从这些实践案例中我们发现，积极教育不仅对美国、英国、澳大利亚等国的学生有效，对于我国培养学生健全人格、提升学生学习能力，以及获得幸福的能力等方面同样效果显著。

第四节 积极教育的核心与实践方式

一、积极教育的核心模型

清华大学心理系总结了中国的积极教育实践经验，研发出了"六大模块、两大系统"的积极教育模型。该模型借鉴与吸收了世界上具有成功经验的积极教育实践体系，如澳大利亚吉隆语法学校的 PERMA 模型、墨西哥德米罗欧大学的幸福生态系统模型等，并结合了中国的国情、文化与特色。我们在实践过程中发现，中国学生在自信、自尊、自爱、自我认知、自我接纳等方面所受到的教育相对匮乏，所以将积极自我模块嵌入实践模型会有助于提升其他模块的培养效果。因此，积极自我的模块是积极教育在中国本土化过程的经验总结。

积极教育的六大模块包括积极自我、积极情绪、积极投入、积极关系、积极意义、积极成就。两大系统包含身心健康调节系统以及品格优势培育系统。

（一）积极自我

积极自我模块致力于培养学生形成积极的自我，使其拥有稳定的自尊、充足的自我效能感与持久的自爱能力。自我感指的是个体对自身的综合性、整体性、集合性的评价。积极自我指个体对自身整体性的评价更倾向于正面的、积极的。研究学者进一步将自我感延伸为核心自我评价，即个体对自我以及其在外部世界中发挥的价值功能的基础假设。核心的自我评价与人格特质相关，如自尊、自我效能感等。自尊作为自我感的核心要素，是指一个人对自身价值的总体判断，反映个体的自我接纳、自我喜爱与自我尊重的程度。自尊水平对于学生而言，影响重大。由于低自尊的人会过分夸大失败所带来的负面效应，他们在经历了挫败之后，学业表现会变差。高自尊的学生在经历了同样的挫败之后，学业表现却不会受影响。因此，对于学生来说，尤其是他们在面对挫败时，自尊与学业表现呈高度的相关性。积极自我的另一要素是自我效能感，它类似于我们常说的自信心，即人们对自身运用技能完成任务的自信程度。大量的研究表明，自我效能感与学习考试的表现、坚持不懈的毅力、面对挫折的韧性、有效解决问题的能力及自律自控的能力息息相关。高自我效能感的人会付出更多的努力去追求成功，从而也更有机会获得成就与社会赞许，而成功的体验与社会赞许又会反过来进一步增强其自我效能感，由此形成正向循环。

（二）积极情绪

积极情绪模块着眼于提升学生认识与管理情绪的能力，教授他们主动创造积极情绪的方法以及应对消极情绪的技能。心理学家总结大量研究后发现，频繁地体验到积极情绪有助于促进个体在心理健康、身体健康、社会关系、学业成就、工作效率、创造力、自我效能等方面的发展。积极情绪模块的核心理论是拓展与构建理论，创造出螺旋上升的积极情绪循环，增进社会关系联结。更为重要的是，此模块关注培育学生识别、理解、接纳自身与他人情绪的技能，从而提升其情商。

（三）积极投入

积极投入意味着个体将兴趣、好奇心、专注力、决心与活力投入学习和生活中。大量研究表明，个人的积极投入度与其幸福感、学习能力、学习成绩呈正相关。高度投入的个体往往会对生活与学习展现出高涨的热情和浓烈的兴趣。积极投入的个体常常对达成目标和实现人生的抱负充满激情，同时也有着远大的理想和崇高的追求。积极投入模块重点教授并运用的核心理论是福流理论与学习动机理论。福流被定义为当个体全身心地沉浸于有价值的活动时，所达到的一种忘记自我、忘记时间流逝、如天人合一般的巅峰体验。积极教育专注于教授与培养学生创造福流体验、培养学生内在学习动机，以及其在生活学习中使用优势品格而达成目标的能力。

（四）积极关系

积极关系的建立是积极教育的重要一环。研究发现，良好的社会支持对儿童与青少年的身心发展至关重要，他们会在社会支持的环境中发展出良好的心理适应性、社会学习能力与平衡健全的身体状态。支持性的师生关系与同伴关系有助于提升儿童和青少年的主观幸福感、韧性、人生意义感。积极关系的重要理论之一是主动建设性的回应方式，即当对方分享好事的时候，个体语言、肢体和行为的反馈可以让对方感受到被理解与被支持。研究证明，主动建设性回应能够使个体产生积极情绪，强化人际联结。学校除了在实际场景中使学生与教师练习主动建设性回应，还增设了正念倾听、非暴力沟通等增进人际关系的技能培训。

（五）积极意义

积极意义是指为他人和社会谋福祉而获得的崇高的内在价值的体验。研究发现，感受到人生的意义有益于个体的身体健康，提升其生活的满意度并建立和谐的社会关系，还能预防抑郁症、躯体疼痛和危险行为的发生。更重要的是，体验到人生的意义与生活的价值本身就是人生幸福的重要体现之一，也是塞利格曼"幸福五要素"模型的重要组成部分。研究发现，增进个体意义感的策略包括做出符合个体价值观的行为，以及使用个人的优势来帮助他人的能力。

（六）积极成就

积极成就指的是发展个体的潜力以助其达成有意义的目标，从而提升学生在遭受困难与挫折时仍能持之以恒的内驱力、在人生重要领域获取竞争力与成就的能力等。研究表明，幸福与积极成就的关系是双向的。心理学家进一步发现，心理健康是有效学习的前提条件。积极情绪有助于激发个体的创造力以及提升个体的思维灵活度。反之，达成有价值的目标能提升个体的积极情绪与幸福感。此外，思维模式与学业成绩的关系研究是心理教育学的重要研究与发现。固定式思维模式指个人认为智力与才能是固定的、难以改变的，而成长性思维模式指个人认为智力与才能可通过持续努力与正确训练而不断发展。对此，美国的一项关于积极成就的实验研究发现，成长性思维能增强学生应对挫折的韧性、实现目标的毅力、创造价值的内驱力，进而提高他们的学业成绩。我们针对中国五所学校的研究表明，提升中国学生的成长性思维模式能促使其提升学业投入度与心理幸福感，而且能有效帮助学生直面挫折。

（七）身心健康调节系统

积极教育致力于培育学生持续而有效的行为习惯和技能，以维护其身心健康。身心一体理论认为，由于个体的身体和心理之间紧密的联动效应，身体和心理应被视为不可分割的整体。人的身体和心理功能紧密的关联，牵一发而动全身，因此积极教育关注一个人整体而全面的健康。积极教育的身心调节系统基于科学实证研究结果，使教育者能系统、渐进地教授学生科学锻炼、规律作息、深度睡眠、放松、正确呼吸、正念减压等方法，使教师和学生都能掌握一套通过调节身体状况改善心理状况的技能，从而使教师和学生对压力、情绪、专注力等进行良好的自我管理。在儿童和青少年时期培养良好的健康行为、增强免疫力和身体素质，能对其一生产生积极的影响。

（八）品格优势培育系统

本着科学性、实效性、系统性的原则培养学生优势品格与美德是整个积极教育的基石。研究表明，学生有效识别、发展自身的优势品格，以及欣赏他人优势品格的能力，有助于其获得更高的人生幸福感、更好的学业成绩，以及形成更完善的社会功能，并且降低其出现行为问题的概率。品格优势培育系统贯穿所有教学模块之中。积极教育要求学校制定长远规划并致力于促进学生积极品格的养成，使学生具有稳定、健全、积极的美德与人格特质，为儿童在未来人生道路中获得持久稳定的幸福感提供坚实保障。彼得森与塞利格曼研究归纳了各民族的主流价值观、文化传承等，包括中国的儒释道，总结出人类共有的六大美德、二十四种品格优势。六大美德包括了仁爱、勇气、公正、节制、智慧、超越，并且前五项分别与中国的传统美德、儒家提倡的"五常"，即"仁、义、礼、智、信"相似。在具体的实践过程中，每个学校都会根据自己的要求，优先、重点培养某些美德与品格。

二、积极教育的基本实践方式

（一）积极心理学的基础培训

在这个阶段，教师和学校的管理层都需要经过系统的积极心理学以及教育学的培训，学习相应的理念、知识及应用技能。而这一步的完成效果是积极教育项目能够在该学校产生多大效应的决定性因素。衡量教师接受培训后的效果的指标是：教师对积极教育理论的认同度、对技能的掌握度，以及将积极教育融入自己生活的程度。

（二）积极校园文化的建设

在此阶段，积极心理学的理念进一步渗透到教师、学生、家长以及管理层的思想中。在这一阶段，学校的表现因地制宜，因校不同。例如，有的学校会每个月定期举办优势品质、感恩拜访等积极心理校园文化活动；有的学校则给学生搭建了"最佳的自我展示舞台"，让学生在台上展示自己的优势与特长。硬件方面，可以与设计所、建筑学院合作，将能够提升人的积极心理品质的因素融入建筑设计的理念中。光线、色调、空间的开放度、社交空间、家具摆放都会极大地影响人的内心感受。然而，目前教育工作者对物理空间与心理空间的交互作用往往所知甚少。

传统教育往往过于关注学生的学业能力，而对优势美德与幸福能力的培养有所忽视。积极教育不仅致力于提升学生的学业能力，还专注于发展学生的美德品格与获取幸福的能力。积极教育追求的是促进学生的全面、完整的发展以使其有能力创造一个有价值、有意义的幸福人生。积极教育在中国的实践与探索证明积极教育能让中国学生受益，是对传统教育有力的支持和补充，是中国教育改革应探索的重要方向。

第二章　学前课程理论基础

第一节　人类学视角下的学前课程

一、从人类学视角研究学前课程

（一）揭示了文化起源与教育发生的可能性

揭示文化的起源，实际上就是研究人的生成问题。生物人类学、哲学人类学都论及由于个体生物基础上的先天不足与缺陷。与其说不足与缺陷，不如说是这种表现为缺陷实则为优越性的基因编码的开放性，成为文化起源与教育发生的可能。正是由于人先天自然本能方面的缺憾，这种生物学背景促使人类文化在艰难的生存实践中产生了。体质人类学对人类成长缓慢的儿童期的论述，揭示了儿童对成人养育的需要及教育发生的可能——当然最根本的可能是基因编码的开放性。这一基本观点可以帮助我们理解人类的文化起源以及个体的文化获得与教育的可能性与必要性。其一，人类个体具有漫长的童年期，这一漫长的不成熟时期对于人的发展来说具有积极的意义，也为教育的发生提供了可能。其二，人有着双重属性，既内含了自然物种生命，在这一基础上又创造了支配生命的生命，即具有文化属性的"类生命"。人之所以与动物不同，是因为人具有学习的潜能，通过学习可以获得超越个体第一自然的第二自然，即类群体的能量——文化。

（二）呈现了人类学从不同的角度对文化的认识

人类生存实践在时间上的流变和空间上的交流导致文化的变迁，文化总是与满足人的需要相关并履行着相应的功能。每一个群体的文化都是特定境遇中历史地凝结的生存方式，是生活于其中的成员的意义世界，对不同文化形态不应持等级比较的观点，更不应该以"强势文化"去挤压、替代"弱势文化"。人类文化史就是不断共享全人类优秀文化成果的过程，每一群体都应该对人类优秀文化成果持开放和吸收的态度，同时也要抛弃本群体文化中制约人发展的文化因素；文化是外在于人的符号体系，是人寄寓的意义之网，是社会行为得以发生的程序；人通过自己的活动把符号体系能动化。这些观点对于课程决策中的文化选择及课程实施具有重大意义。

（三）呈现了人童年期及成长的特点与机制

从人类学视角考察幼儿园课程，其重大意义在于从解释人（类）的整个形象中的儿童生活出发，指出儿童在整个人类生活方面、儿童期在个体生命周期的位置，有助于我们理解儿童期的独特存在方式以及其独立的存在价值。同时人类学从人类进化和发展的完整历史进程中，从儿童实际生活过程中揭示了儿童的发展特点。其主要有以下几个观点：① 个体早期发展是对种族进化史的复演。② 儿童的成长机制是从潜能展开于外部环境并进行自主建构开始的。③ 儿童的不成熟状态是人类群体依赖属性的折射。④ 人类儿童发展规律的普遍性和发展的现实差异。

二、人类学视野中的学前课程

（一）文化与课程

1. 从文化与课程的概念演进看文化与课程的相互关系

首先，人类学所定义的广义的文化是课程的源泉，课程是一种文化形态，是一种经过选择和加工的文化形态。文化发展影响课程内容及活动方式：人类儿童期儿童文化与成人文化差距不大，文化积累集中于生产生活，文化的传递也在生产生活的过程中进行。文字产生后，文化被客观化为文本，典籍成为主要的学习内容，脱离了实际的生活过程。当知识生产突增，知识转化为技术直接影响社会经济时，课程实际上履行着大规模的知识传递与复制的职能。当代，随着人类理性的人类学转向，加之信息传播途径多元化，文化传递过程中注重对人文化选择能力的培养，形成主动的意义建构的课程模式。

其次，文化观念影响课程理念。人类的文化对个体而言首先是一种外在的环境，但对人类群体而言或对特定社会的总体而言，却是其能动性的反映形式。时代文化塑造着人的存在本性与价值理想，因此仅认识到文化是课程的源泉，课程是文化的特殊形式，是远远不够的。同时，还应考虑到特定时代文化对课程观念的影响，文化渗透到学校教育内部所产生的最深层的影响，是对教育目的的影响。文化的发展并不是只意味着人类知识总量和精神财富的增加，数量的增加只是文化发展的最初效果，进一步发展的必然后果是使人的思维方式、价值观念和由此而产生的行为方式，即人类自身的精神世界及其表现发生深刻的变化。这些变化只要是代表时代方向的，就不可避免地、或迟或早地反映到学校教育目的上来，使每一个时代文化的内在气质在形成一代新人过程中得到体现和发扬光大。此外，一定的社会文化背景还会成为影响课程活动的间接的外在因素，如家长、社会对子女的教育支持；教师从统治者的权威角色转变为儿童发展的引导者与支持者；学生从被动领受知识转变为在主动建构中掌握知识、发展能力，并形成一种学习生活方式等。

最后，课程作为一种独特的文化体系和文化生命机制，也反过来对社会文化进化产生影响。其一，课程对文化有整合、选择作用。由于每个社会的文化构成十分复杂，加之要考虑儿童的心理发展特点，只能根据幼儿教育的目的，从文化总体中选择符合幼儿成长需要的部分，进行教育学的加工，组成内容体系。其二，课程是对一定社会文化进行筛选、传递、创造的过程，应被视为社会文化的消化系统，赋予文化以生命，是一种文化的生命机制。教育内容，从表面看来似乎不具有生命形态，但它本质上依然是生命精神能量的产物。教育内容不仅是人类生命精神能量的外化与各种形式的对象化存在，而且是人类生命精神能量高质量和高度凝聚的产物。教育使文化延续、更新并不是以直接的传递或增添的方式实现的，它是通过把人类共创的文化财富转化为个人的知识、才能、思维能力、实践能力等，再通过个体发挥智慧和才能的活动，体现出已有文化对今日社会的功能，或创造出新的文化成果，从而丰富人类文化的宝库，推动人类文化的发展。

2. 当前学前课程问题的文化表现

鉴于文化对课程的制约作用，有必要分析有哪些文化的因素阻碍着课程理想向教育现实的转化，应做些什么促进其转变。课程参与新文化的构建不仅包括吸收进步文化，还包括放弃一些陋习。如果传统的观念和态度并无重大改变，课程实践难以发生重大变革。

（1）幼儿教育内外的"成人本位"

成人依照自己的需要创造生活环境，很少考虑儿童的需要。当代社会，成人文化占领了整个世界，在纯粹自然发展的条件下，一个儿童几乎无法找到完全属于自己的世界。儿童听到的是成年人的音乐，看到的是成年人的图画，感受到的是成年人的感情反应，接受的是成年人的教导。儿童没有仅仅属于自己的世界，没有仅仅属于自己的心灵感知方式，就没有任何抵御被成人文化过早异化的能力。成人对教育（包括幼儿园在内的教育机构中接受的教育）的认识，就是为儿童未来的生活（成人生活）做准备，而看不到儿童当下生活的独特性及其价值。

在幼儿园内，整个教育交往关系中以教师为中心，活动的决策权、选择权属于教师，甚至课程的实施也是根据教师操作是否方便，即便在日常活动中，教师的权威和中心地位也未曾被动摇过。

（2）课程价值观中的"知识本位"

现代社会生产方式将知识、教育、生产力三者组成了一个循环的工作流程，催生了现代教育的生产性，即经济属性。教育属性的变化导致教育活动的功能指向知识的传递和再生产，使教育机构成为劳动力和知识的生产基地，尽管这种功能转向导致教育目标的片面化追求，但也是社会生产客观规律的必然反映。在这一规律的影响下，以个体知识的获得、应用和生产为标准的教育成为社会分层的主要途径。这是教育以"知识"为本位的社会根源。但目前教育者错误的知识观却导致教育实践难以培养出适应时代发展的"知识人"。受传统知识观及其影响下的学校教育学科知识中心化的影响，家庭与幼儿园在教育过程中一致追求小学化的训练，但是另一方面又通过名为"特长"教育，实则是强化训练的方式（如背外语单词）及各种技能训练的方式，使孩子拥有一技之长（如学习各种器乐、绘画、舞蹈、武术等）。此外，提前教育也是被许多家长看好的一种方式，前一个阶段学习下一个阶段的内容，如幼儿入小学前参加汉语拼音学前强化班。可见，成人视野中的知识就是教材上确定不变的符号信息，学习就是通过背诵、强化练习来掌握知识和技能的过程。这种错误的知识观和知识获得观所导致的后果是可怕的：这种只关注教科书知识而学习的教育，会把儿童训练成为以被动接受、适应、服从、执行他人思想与意志为根本生存方式的人。

（3）教师反思意识的缺失

目前，幼儿教师缺乏反思意识是整个幼儿教育问题的症结之一。这一方面是由于不合理的管理限制了教师的自主权，从而导致教师缺乏反思意识。另一方面，教师的思维方式依然被传统文化思维方式支配，因此，支配传统中国民众生活的基本文化图式是重复性的思维和以重复性实践为主的自在的活动方式。

（二）学前课程的人类学取向

1. 学前课程生活化

（1）学前课程生活化的内涵

主体性是生活的第一本性，这种主体性的意义构造是其他一切领域的基础。生活世界作为自在的第一性的主体意义构造，不是孤立的自我的产物，而是交互主体性的产物。在这个世界中，儿童的潜能通过各种活动得到展开并与文化相遇，不断进入一个意义结构。这个日常世界的自在性特征使得我们觉得它是围绕"我"而存在的，是力所能及的意义世界。人的生成首先立足于自在的、给定的、重复的、经验的日常生活世界，同时，人可以通过对这种自在世界的有意识的控制，与其建立自觉的关系，使人存在于其中的状态由自发自在进入自由自觉。生活首先意味着每个生命个体现实的当下的生活。

儿童生活又有其自身的特征：儿童的生活是潜能展开于环境并进行自主建构的，是从本能的无意识的逐步迈向意识的。儿童本能的无意识的活动为其进入文化世界提供了中介，并通过主动的建构活动不断进入文化世界。儿童的生活是紧紧围绕成人生活的，儿童生活就是其"成人"的过程，没有人能够替儿童做那种为建构正在形成的自己而做的工作，而这种工作是儿童必须也只能独立完成的。儿童的整个生活阶段就是走向完善的过程。儿童生活的一切事件，都直接指向生长、发展和成熟本身，即人化。总而言之，没有人能代替儿童去成长。儿童有自己的成长方式。儿童的生活是整体性的，是群体依赖的。儿童生活是未来生活的根基。

（2）学前课程生活化的实现

首先，要从多个角度理解幼儿园课程生活化。从课程内容的角度理解，课程内容是围绕幼儿当下的生活展开的，来源于儿童的生活和儿童周围的生活，是幼儿力所能及又指向发展的。课程应该是整体性的，保持着人与世界的统一。从课程实施的角度理解，课程必定有预定的文化要素，但这些文化要素必须还原于儿童生活过程中，课程帮助幼儿通过生活的实际过程，接近他们生活于其中的生活世界。生活是开放的，课程也是生成的。从课程中儿童活动状态的角度理解，生活化首先意味着幼儿在课程中是主动的而不是被动的，是在自主的交往活动中学习生活的。从儿童对教育氛围的体验状态而言，应该是安全的、愉快的、从容的。

其次，我们从人类学角度理解幼儿课程的生活化，更关注在课程实施中个体体验状态。因为并非一切人类生活现象都是可以从文化角度出发来理解的。其中有些现象是直接同生活本身联系在一起的，而同它的文化客观化无关。这方面包括某些身心结构的特性，如情绪、感情、本能等。生活化的课程与儿童生活于其中的时空关系、人际关系、情绪状态密切相关，这是当前幼儿园课程生活化的一个重要的角度。

最后，生活化意味着帮助幼儿展开生活。成人的工作不是教，而是在幼儿的发展过程中帮助其心理形成，儿童具有一种依靠自己而能够吸收的心理。儿童的心理与成人不同，因此我们不能通过文字教学达到目的，也不能干涉儿童所经历的从无意识到有意识的过程，这是一个形成人的能力的过程。这时，教育的任务就变成为儿童的生活，为人的心理发展提供帮助，而不再是记忆词语或概念这种强迫性的任务。

总之，幼儿园课程的生活化不仅是一种理想，更应是一种指导实践的观念，我们期望成人真正理解儿童的生活，倾听儿童的生活需要，帮助儿童展开生活，在当下的生活世界中形成探索未来世界的心智。儿童只有在生活过程中才能建构出这种动态的有组织的倾向体系。幼儿园课程作为一种文化形态，从人类学对文化的定义出发，它能帮助儿童走进生活、展开生活并建构出相应的生活方式。

2. 学前课程游戏化

（1）学前课程游戏化的内涵

幼儿正处于快乐的游戏期，游戏是幼儿基本的活动。因此，关于生活化的相关论述也是可以说明课程游戏化的。这里从游戏与文化的关系、游戏与儿童的关系以及二者的角度，来进一步理解游戏与幼儿园课程的关系——游戏是连接文化与儿童的中介。

① 游戏与文化

游戏是一种与人类关系非常密切的文化现象，对个体来说，游戏需要贯穿于人的一生。游戏通常被认为没有实用价值，但考察人类的游戏史就会发现，游戏具有重要的文化意义和社会意义，它是人类实现自我价值的一种具体方式。

文化起源于游戏，文化也被视为"亚游戏"。教育也是人类游戏活动的一种形式。享受教育游戏所给予的愉悦，是人类参与教育活动的另一种目的。这种目的超越任何功利的考虑，如人类启蒙、社会的发展、个体的未来等。

② 游戏与儿童

对于儿童来说，游戏是儿童的基本活动，游戏是幼儿的生活方式。人类文化起源于游戏，文化在个体身上的诞生也是通过游戏实现的。从生物因素而言，游戏是个体自发地对自身潜在精神的外化，这种潜在精神是进化史上精神文化的积淀，儿童游戏的发展过程复演了人类的文化史，并且游戏的发展同步于儿童的发展，游戏的结构形式同步于儿童外部生活，在此基础上展开了个体的发展史。

幼儿期游戏对于儿童来说，就是生活，就是成长，具有不可替代性。同时，游戏也不仅仅是为了儿童获得快乐，快乐只是幼儿进行自我创造过程中的一种情绪体验，快乐只是活动的伴随物，它与游戏对儿童的成长价值和文化适应价值相伴实现，是合目的与合规律的统一。

（2）学前课程游戏化的实现

幼儿园以游戏为基本活动的根本目的是建构以幼儿的主体性活动为特征的幼儿园教育活动体系，培养与发展幼儿的主体性，创造与幼儿年龄特点相适宜的幼儿园生活。幼儿园以游戏为基本活动的实践含义可以概括为把游戏活动的主体精神与有社会文化内容的教学因素结合起来，让幼儿在游戏中和游戏化的活动中生动活泼、积极主动地学习与发展。课程游戏化就是把幼儿自发的活动放置在一定的教育情景中，使之变为自觉的活动。因此，作为教学手段的游戏本身并不违背游戏的本质，教学活动控制的是游戏发生的条件，而不是控制儿童在一定条件下的行为的实际发生，对儿童活动的条件和影响因素进行控制，不等于控制儿童的行为表现。实际上，儿童的行为仍是在这种条件被控制了的情况下自然发生的，即被控制的是现实的条件和环境，而不是游戏发生的机制。因此，幼儿园的游戏活动是在特定环境中合目的、合规律性的活动。

第二节　建构主义视角下的学前课程

一、建构主义的基本观点

建构主义是一种综合化的、复杂的、具有广泛的学科包容性的社会科学理论。它涉及哲学、心理学、教育学、文化学等多个学科领域。一般认为建构主义的奠基人是心理学家、哲学家皮亚杰和心理学家维果茨基。

建构主义理论可进一步区分为一些不同的理论，主要的建构主义理论有社会建构论、激进的建构主义、信息加工建构主义、控制系统论、社会文化发展观点和社会建构主义等。这些理论的共同之处包括以下几方面：① 研究的焦点应放在"活动"上，而不是"事情"和"物质"上，不仅要注意一般的活动，还要注意创造性的、形成性的或建构性的活动，这种活动是自我再生产的、自我维持的或反身性的。② 在知识的发展过程中，"产生"比"发现"更重要，创造的过程比发现的过程更重要。③ 由于不再有以前所称的"外部世界"，因此，讨论绝对的、独立于我们的外部世界的知识就失去了意义。④ 如果对一种或几种建构活动发生了什么兴趣的话，主张只关注理论，不试图测试理论与假设的外部世界的一致程度，进行评价时呼吁诸如一致性、生存力、成效性、启迪性和恰当性等观念。⑤ 关注的是意义和重要性，而不是原因和结果。⑥ 关注社会发展或正在发展的互动瞬间发生了什么，更关注个体内部的建构过程。⑦ 在理论和实践的关系上没有普遍的共识。

不同的建构主义理论也有一些区别和差异。例如，激进的建构主义与社会建构论之间就存在观点的区别。个人建构主义与激进建构主义在本质上是一致的，即知识的获得是个人主动建构的结果。但后者在坚持这一观点时更多的是从哲学认识论方面与传统的客观主义（或实证主义）相决裂，因而变得更加"激进"一些。社会性建构主义强调的是主体间性在知识建构中的显著作用，它是对前两者的补充和发展。

二、建构主义视野中的学前课程

（一）在实践中感受建构主义

在建构主义的视野里，教师对自己的教育行为进行反思，在日常活动中引发深入的思考，这体现了一个教师的建构，将原有的认知和现实的情境结合起来。当幼儿需要时，教师可以提供相应的、更为丰富和适宜的活动材料；当出现幼儿自己无法阻挡的干扰因素时，教师帮助或指导幼儿排除干扰，使幼儿积极投入的热情不受影响。在需要时，教师可以成为幼儿的合作者和引导者，引导是活动方向、活动内容及活动方式的一种指引和教导。在活动里借助一定的直观手段来进行引导，充分保护幼儿的想象力，珍惜幼儿尽心投入的瞬间，我们应该以赞赏的态度，静心观察幼儿积极投入的自由创造的活动，这是世间最美好的景象之一。这种景象就是我们所说的幼儿外在的和内在的建构。

（二）学前课程是建构的

1.学习者依靠自身建构自己的知识

建构主义一改机械认识论的被动接受说，关注认识主体能动性的发挥，强调认识主体在知识获得中的能动作用。对课程学习来说，建构主义把注意的重点放在了学习者上面，关注学习者与学习内容的相互作用，与教师的相互作用，与同伴的相互作用，以自发地获取经验，而不是关注如何使学习者接受、获取的问题。就学前课程而言，在"学习者依靠自身建构自己的知识"的理念下，有下列几个问题：

（1）依靠自己意味着什么？

依靠自己就是主动活动。主动活动的儿童应该具有主体性，也就是在学习中应该有积极性、主动性和创造性，而不是完全按照教师规定的程序活动。依靠自己，有主体性，也就意味着儿童是为了自己而活动，为着自己的目的，而不是外在的目的；儿童对活动有兴趣，充满热情。依靠自己还意味着个人理解、个人知识是存在的且应该得到尊重。

（2）建构就是操作吗？

今天科学教育中的基本思想"做中学"，扩大到建构主义的课程中就是让儿童进行适宜的相互作用。当相互作用对象为可控物体时，我们称为操作；当相互作用的对象为不可控的物体或物体群时，我们称为观察、欣赏；当相互作用的对象为人时，我们称为交往；当相互作用的对象是规则、规范时，我们称为体验；当相互作用的对象是已有的认识和经验时，我们称为反思；操作、交往、体验、观察、反思等，都是建构的途径，是否产生真正的建构过程并对儿童的心智产生影响，还取决于儿童相互作用的现实动机及对象的适宜性。所以，建构的途径很多，不只是操作，相互作用不一定都能引起真正的发展。

（3）只建构知识就够了吗？

迄今为止，建构主义主要的精力都在关注知识获得，不可否认，知识获得是一个值得关注的重要话题，但建构主义不能只关注知识。对于学前儿童来说，有时情感、态度比知识更重要，情感决定了活动的成败。因此，自己建构的不只是知识，而是整个的人格和智慧。在学前阶段，尤其应该重视儿童非智力因素的形成。因此，我们不要过多关注儿童得到了什么，而应该关注儿童与其他人和事发生相互作用时的情绪状态，儿童的兴趣和投入程度，儿童是否面临了挑战，儿童是否努力解决了问题。对儿童来说，获得知识，就是学会生活，知识的获得伴随着一日生活的过程，而生活是综合的活动。生活除了需要知识，还需要情感、能力和品格。因此，幼儿建构的是一个完整的人，不只是知识。

2. 新的学习依赖于现有的知识水平

在学前课程的视野里，针对"新的学习依赖于现有的知识水平"的理念，我们有必要讨论以下几个问题：

（1）现有的知识水平的含义

在建构主义理论中，学习就是个人身体和精神世界的建构和发展，就是个人朝着积极的方面发生改变。这种建构是实在的，而不是虚无的，是要建立在学习者原有的知识水平基础上的。不然只能是空中楼阁，不能引发学习者真正的、持久的变化。在此，我们更需要关注的是学习者的原有水平。对学前儿童来说，更是如此。在学前课程具体的实施过程中，儿童的现有水平不是理论上陈述的水平，不是教科书告诉我们的幼儿年龄特点，而是一个教师实际上面对的一群儿童的现实水平，只有把握眼前活生生的儿童的发展状况，才有可能真正懂得儿童的现有水平。因此，儿童的现有水平不是阅读书本得到的，也不全是测量得到的，而是在与儿童共同生活的过程中，通过交往和观察得到的。所以，现有水平的了解是必要的，也是教育的基础。正是从这个意义上，我们提出幼儿园的课程建设应该以班级为基点。

（2）依赖的含义

新的学习依赖于现有的知识水平，依赖意味着基础和条件，甚至意味着不可或缺。没有关注幼儿现有水平的课程实施是缺乏针对性的，也是很难产生真正的同化的，甚至就是无法产生顺应的。因此，依赖就是立足现实，依赖就是寻求针对性和适宜性。依赖是一个灵活的、不断适应的过程，就是当前的课程内容和实施策略要不断满足幼儿的兴趣和需要，满足幼儿现有的身心发展水平，只有这样，幼儿教育才可能是优质的、高效的。

（3）教师的作用

其实，新的学习依赖于现有的知识水平，隐含了教师的作用。因为把握学前儿童的身心发展水平，并创设有利于幼儿积极学习的环境，就是教师的重要工作。一名教师，他的主体性不是表现在给幼儿传递了多少知识，对幼儿的影响有多大，说了多少话，做了多少事，而是表现在给幼儿创造条件，让幼儿真正成为学习的主体上。要做到这一点，就要求教师发挥积极性、主动性和创造性，而不是机械地说。没有教师的积极性、主动性和创造性，幼儿很难真正成为学习的主体，很难真正经历建构的心智过程。

3. 社会性互动能够促进学习

社会性互动能够促进学习，这是建构主义尤其是社会建构主义的重要思想。关注社会性互动对儿童发展的价值，是包括皮亚杰在内的建构主义者的观点。对于学前儿童来说，在"社会性互动能够促进学习"的理念下，可以讨论这样几个问题：

（1）社会性互动的特点

社会性互动是相对于儿童与物质世界的交往而提出来的，社会性互动更强调的是儿童与人的相互作用。对幼儿来说，与人的相互作用是其相互作用的重要的、不可缺少的内容，没有与人的相互作用，人就无法真正成为人，缺乏与人的相互作用，人格就必然会受到影响。幼儿的社会性互动包括了与教师、同伴、家长及其他成人的互动，每一类互动对象在幼儿发展的过程中都具有重要的意义。就幼儿园课程而言，幼儿最主要的互动对象是教师和同伴及一些课程志愿者。幼儿园环境中的社会性互动的特点是特定情景性，就是幼儿的社会性互动在一个相对稳定又有细节变化的环境里。当然，也有例外，当幼儿被教师带入社区，情况就不同了。

（2）社会性互动促进学习

按照维果茨基的观点，幼儿的社会性交往是其心理结构产生变化的重要条件和前提。因此，社会性互动是一种重要的学习方式，甚至就是心智建构过程的第一个环节。我们在此关注社会性互动为什么能促进学习，还有一个重要的原因是，社会性互动对幼儿的态度、情感、兴趣都会产生影响，这些影响会作用于幼儿的学习过程。良好的社会性互动是幼儿很多学习活动中不可缺少的。从另一方面说，幼儿良好态度、积极情感的获得和发展，也正是在社会互动的过程中实现的。在这个过程中，教师与幼儿之间，幼儿与幼儿之间进行着信息和情感的交流，这是一种重要的学习。

（3）丰富社会性互动

社会性互动是有助于幼儿的学习的，也是幼儿所喜欢的。但是，幼儿园的制度化生活经常有可能剥夺了幼儿社会性互动的机会。比如，曾经出现这样的现象，因为要吃饭了，所以孩子们只能坐着，不能交谈；教师宁愿不厌其烦地、一遍遍复述一个故事，穿插一些回忆性的提问，也不让已经相当熟悉这个故事的孩子通过现实的互动来讨论、改编或表演这个故事。这说明了社会性互动的机会随时存在，就看教师是否有发现的观念和能力。作为成人，应该让幼儿充分利用各种社会性互动机会，还要积极创造条件，丰富这种机会。

4. 有意义的学习发生于真实的任务情境之中

这是一个建构主义的重要论题，也是今天实践层面上特别关注的一个问题。同样，我们站在学前课程的立场上来解读有意义的学习发生于真实的任务情境之中这个命题，需要从以下几个方面加以讨论：

（1）有意义的学习

有意义的学习就是理解的学习，就是可同化的学习，也是引起了真正发展的学习。核心是理解，理解不是简单的记忆，理解是原有经验和现实经验的对话和融合，理解就是进入心灵。不是所有的学习都能达到理解的境界。多感官的学习容易达成理解。因此，学前课程应该是一种让幼儿多感官参与的课程，只有这样，才能真正成为让幼儿理解的课程。理解，不只是一个认识的问题，也是一个情感的问题，也就是说，情感态度的参与有利于理解的产生。要产生理解，也要关注幼儿原有的心智水平。不同的幼儿心智发展的水平是有差异的，因此，理解的水平也是会有差异的。学习的最终成果，是跟每个幼儿的理解能力联系在一起的。

（2）真实的任务情境

真实的任务情境不是教师连续讲解的情境，而是与现实生活和工作任务相关联的问题情境和生活场景。对幼儿来说。这种问题情境和生活场景是充满感性刺激的，充满操作、交往和体验机会的，经常需要幼儿承担一定的角色，履行一定的义务，展现自己的能力，甚至还需要进行一些合作和讨论。

在课程设计中，关注不同的情境及其情境脉络，有助于使幼儿在一个问题场景中积极地进行有意义的学习。在这种情境里，教师不再是一个滔滔不绝的讲解者，而是幼儿的支持者、合作者和引导者。

（3）情境创造

情境是可以发现和创造的，只要我们有发现的意识。一个建构主义的实践者应该努力将知识融入情境和任务。情境的学习是幼儿最有效的学习形式之一。从这个意义上说，学前课程的设计在一定程度上说就是情境的"制造"。

三、建构主义对学前课程实践的影响

（一）建构主义与西方学前课程

系统的建构主义理论形成于西方，因此，西方教育界包括学前教育界对建构主义的实践是深入的，也是富有成效的。

海伊斯科普课程根据儿童自然发展教育规律，提出了一种开放式教育理念和实践结构。它根据皮亚杰的儿童发展理论，将儿童看作是主动的学习者，并且追求提供广泛的、真实的教育经验给儿童，其中的课程适合于儿童当前的发展阶段，以此来促进学习的自发发生与认知结构发展，并且拓展儿童不断出现的智力与社会技能。海伊斯科普课程具有三个基本原理：

一是儿童积极参与到选择、组织与评价学习活动的过程中。这些都是在一定的学习环境中，由教师通过认真仔细地观察与指导来完成的。这样的学习环境充满丰富多彩的学习材料。

二是教职人员根据适应儿童身心发展规律的课程模式与认真仔细的儿童观察，来制订有规律的日常计划。

三是以海伊斯科普课程的主要经验为基础，为儿童设立适应身心发展的系列目标和学习材料。

海伊斯科普课程有五个基本部分，它们构成海伊斯科普课程的"学习车轮"。这五个部分主要包括：

一是积极地学习。教师通过提供多种多样的学习材料、制订计划、与儿童一起对活动进行回顾、与每一个儿童进行交流并且认真仔细地观察每一个儿童，以及引导小组与集体开展积极的学习活动，从而支持儿童的积极学习。

二是教室的布置。教室的布置能鼓励儿童参与并且获得个人的、有意义的、教育性的经验。

三是每日时间表。根据幼儿的身心发展水平，为幼儿安排一日活动，尽可能地保持连贯性，尽量减少转换和过渡。

四是教师对重要的行为、变化、文字说明以及有助于他们更好地理解儿童思维与学习方式的内容做好记录。教师运用两种机制帮助他们收集资料：记录关键经验的笔记形式与文件夹形式，这些都可以用来评价儿童的发展。

五是课程内容。海伊斯科普课程的资源是儿童的兴趣与关键经验。这些关键经验是那些可以观察到的学习行为，将课程部分地建立在儿童的兴趣之上，是一种建构主义的做法。

此外，像银行街（发展互动）模式等也在一定程度上吸收了皮亚杰及维果茨基的思想。而其他一些建构主义者的思想也在实践中得到传播。

（二）建构主义与我国的学前课程

虽然建构主义作为系统的学说形成于西方，但建构主义的思想火花在我国学前教育的思想史上光彩夺目，是建构主义教育思想体系中的重要财富。陶行知、陈鹤琴、张雪门等人都有明显的建构思想。陶行知将自己的名字由"行之"改为"行知"，这行和"知"的关系从一定意义上讲就是建构主义思想的一种高度概括。

陈鹤琴是我国现代幼儿教育的奠基人，他的理论主张和实践策略都在一定程度上体现着建构思想，最能体现建构主义思想的是陈鹤琴的活教育理论。他提出活教育的三大纲领是：做人，做中国人，做现代中国人；大自然、大社会都是活教材；做中学，做中教，做中求进步。做中学，就是一种行动中的知识建构，是关注个人意义的学习。当年陈鹤琴就已经关注了教师的问题，只改革"学"，不改革"教"，"学"就会走上老路。陈鹤琴主张教师也要在做中教，就是在情景中教，根据学习者的现实状况来教。

这就要求教师也要不断调整自己的认知结构，准确把握教育现场，采取适当的教育行为。这一点是非常值得我们今天学习和借鉴的。陈鹤琴还提出了活教育的十七条教学原则，比如，凡是儿童能做的，就让他自己去做；凡是儿童能想的，就让他自己去想；你要儿童怎么样做，就应当教儿童怎样学；鼓励儿童去发现他们自己的世界；注意环境，利用环境；分组学习，共同研究；教学游戏化；教师教教师；儿童教儿童；等等。

第三节　社会学视角下的学前课程

一、社会学及其理论视角

（一）社会学的含义

通过对历史和当前研究的梳理与分析，各种社会学的定义可以归纳为如下三大类。第一类观点：如果认为经济学是研究社会基础结构的，社会学就是在经济学的基础上研究社会上层结构的，可以把它理解为是经济学的补充。这种观点把社会学作为一门补充学科。第二类观点：把社会调查与社会学等同，把社会学作为进行实际社会研究的学科。第三类观点：把其他学科不做专门研究的领域作为社会科学研究的对象，因此这种观点把社会学理解为一门剩余学科。

在综合各种观点的基础上可以发现，社会学主要研究人类社会的行为、关系和组织，其研究对象从过去主要研究人类社会的起源、组织、风俗习惯的人类学倾向，变为以研究现代社会的发展和社会中的组织性或者团体性行为的学科。在社会学中，人不是作为个体，而是作为一个社会组织、群体或机构的成员存在。总而言之，社会学是综合研究社会行为、关系、组织的变化发展过程和结果的一门社会科学。它把社会作为一个整体，综合研究它的各个组成部分及其相互关系，探讨社会行为、关系及其组织发生、发展的规律。

（二）社会学理论的基本研究视角

在研究纷繁复杂的社会现象时，社会学研究形成了几个独特的着眼点，可以称之为基本的研究视角，其为我们深入了解和把握社会学的学科性质提供了必要的参照和前提。每一种视角都有自己的一整套的概念、命题。所谓的社会学理论就是在这样一些基本视角中形成的对社会学研究对象和领域的基本看法。

1. 结构与过程视角

自孔德把社会学分为社会静力学和社会动力学以来，通过结构和过程考察社会和社会现象，已成为社会学研究的两个传统视角。结构是指构造成一个整体事物的各组成部分关系的统称，而过程是指事物运动和变迁的次序、经过。

社会学的结构研究是对社会做横剖面的共时态考察，看它是由哪些部分构成的，这些部分之间的位置和关系是怎样的，它们对维系整个社会系统起到何种作用；过程研究是对社会的运行、发展和变迁做历时态的考察，研究社会运行和发展及其动力的一般性问题。二者的共同目的是探讨人类的社会生活何以成为可能的问题。

按照这种观察问题的视角，当我们研究任何一个社会结构层面的问题时，既要把它作为一种构成性要素，又要把它当作一种制度性要素来探讨。换言之，既要对它进行结构分析，又要对它进行规范研究。

2. 整体与个体的视角

个人与社会之间的关系问题，可视为社会学研究的永恒主题。社会与个人以什么方式相互作用以及社会怎样塑造个人，个人又是怎样创造、维系和改变社会，从而使二者呈现一种既相统合、又相分离的现象，这是历代社会思想家一直关注的课题。

从个体和整体的相互关系上来考察社会，是社会学的一个传统的视角。尽管不同的社会学家在论述这一关系时有不同的侧重，但我们无法在强调一方面时绝对地排斥另一方面。从方法论上看，当代社会学论述的焦点逐渐从宏观的社会结构和过程转向微观（个人和小型群体）互动性质的研究，从社会本位转向个体本位，亦即以个体行动者以及与他人的互动为起点研究社会结构和过程，走的是一条用微观透视宏观和把握宏观的途径。虽然社会学关注的重点发生了变化，但最终目标——认识社会结构及其过程的性质并未改变，只是在方法论上从直接研究变为间接研究而已。用当代美国社会学理论家特纳的话来说，微观社会学分析和宏观社会学分析的结果都可以压缩为一个问题，即个体和互动的性质与社会结构性质之间的关系问题。

3. 均衡与冲突的视角

功能论认为，社会是一个由各组成部分构成的统一整体，它们以各自的特殊功能维系社会整体的均衡与秩序。均衡是社会系统的常态和本质特征，当受到外部环境的干扰或系统内部发生变化时，原有的均衡被打破，社会系统内部实行调整以达到新的均衡。功能论认为，社会学的研究目的就在于从功能着眼找出社会内部失衡的原因，以求保持社会的有序与均衡发展。为此，它特别强调文化规范和共有的价值观念在社会结构中的统合作用。

冲突论的前提预设是社会各部分始终处在冲突状态，社会秩序是各部分冲突的产物，因而秩序并非社会与生俱来的自然状态。冲突论强调社会是动态的、不断变化的，认为社会永远处于一种由人们行动的冲突所造成的脆弱的均衡之中。社会的均衡或秩序是一部分人使用权力对另一部分人强制的结果。为此，冲突论把人际互动、群体互动中的冲突和权力视为社会学研究的重点。

此外，也有观点认为社会学的研究角度可以总结为以下三种角度：

（1）宏观社会与微观社会的角度

宏观社会指社会的整体结构，是较大范围的社会关系；微观社会指社会的个体结构，即表现日常生活中人际互动的模式。

（2）个人关系、群体关系和社会制度的角度

个人关系指日常发生的人与人之间的直接联系或互动，是一种较低层次的社会关系；群体关系指在社会的或组织的层次上所发生的社会关系；社会制度是指在一定历史条件下形成的社会关系及与之相联系的社会活动的规范体系。

（3）血缘、地缘、业缘的角度

血缘关系是指以血统的或生理的联系为基础而形成的社会关系；地缘关系是指人类社会的区位结构关系或空间与地理位置关系；业缘关系是指以人们广泛的社会分工为基础而形成的复杂的社会关系。

对于学前教育工作者而言，这些社会学研究的视角都为我们揭示了看待教育与文化现象的全新角度，并有可能带来一种社会学的想象，让我们学习关注与观察布景后的东西。

二、学前课程的社会学考察

通过对社会学及其发展历史和主要理论的基本介绍，我们可以发现用社会学的观点和方法来研究教育现象不仅是可行的，而且是必要的。因为教育原本就是社会系统中的一个重要组成部分，它不仅反映着社会结构的变化，而且反过来又影响着社会的发展。许多著名的社会学家都把目光投向了教育领域。鉴于此，我们必须在反思社会学对教育领域产生影响的基础上，进一步把社会学引入学前教育研究领域，用社会学的视野来考察学前课程。

（一）社会学研究对教育领域的影响

1. 教育社会学

教育社会学的主要任务就是通过对作为社会事实的教育进行客观分析，为建立并完善教育活动规范及其理论提供社会学依据。因此，教育社会学与教育学之间存在着一种基础学科与应用学科的关系。如同教育哲学、教育心理学一样，教育社会学也是教育学的一门基础学科。但是，教育社会学研究的是特殊的教育现象或教育问题，即具有社会学意味的教育现象或教育问题。

从教育社会学诞生之日起，这门学科就一直在不断发展。尤其是从 20 世纪下半叶开始，教育社会学进入了一个飞速发展阶段，其变革的速度迅疾。经过百年来的发展，教育社会学已经走出了边际学科的位置，建立起本身的自主性或主体性。目前，许多

重要的社会学理论及概念也已经无法完全脱离教育领域。教育社会学不仅对社会学、教育学有贡献，它对整个人文及社会科学都有贡献。社会学与教育学之间水乳交融，成功地孕育了一门新兴学科。

　　2. 知识社会学

　　知识社会学是一门研究知识与社会关系的科学。它既是社会学中的一支，又是认识论的一部分，是研究知识或思想产生、发展与社会文化之间联系的一门社会学分支学科。

　　随着麦克·扬的《知识与控制》一书的出版，知识社会学成为"新教育社会学"的重要基础之一，标志着教育领域社会学研究的一个新的时代的到来。教育社会学研究也由此开始转型，从关注分配和教育组织向课程和教学问题的研究转向。这种研究的转向对于基础教育课程改革具有非常重要的指向意义。对于学前课程研究者而言，知识社会学对我们至少有以下启示：

　　（1）课程涉及知识的选择、组织和评估

　　知识社会学把教育机构及如何在其中选择和组织知识视为一个明显的研究领域。知识社会学认为所有的知识都是社会的。学校中的知识——无论是蕴涵于师生之间的日常意义的知识，还是正式课程中的知识——都是一种社会产品。知识是在社会、文化和历史过程中创造出来的。因此，知识既是"解释性的"——它对学校相互作用的意义充满了兴趣，又是"情景性的"——它建立在特定的基础上，对学校课程持一种社会的观点。麦克·扬试图为分析课程中知识的组织提供一种社会学的研究方式，他认为，教育社会学应该考虑学校中的知识如何得到选择、组织和评估，尤其要思考知识如何在课程中得到应用的问题。

　　（2）教育知识通过课程、教学和评价三种信息系统来实现

　　它反映了权力的分配和社会控制的原则。正规教育知识的传递通过三种信息系统得到实现，它们是课程、教学和评价，课程是有效知识的体现，教学是有效知识传递的体现，而评价是有效知识的有效实现的体现。在这一过程中，一个社会如何选择、分类、分配、传递其认为具有公开性的知识，反映了权力的分配和社会控制的原则。

　　（3）知识分层应是教育社会学关注的核心领域之一

　　教育社会学关注的核心领域是知识管理，还有知识领域的分层标准。任何形式的课程改革都会涉及知识、教育知识和知识分层等问题，因此知识社会学等新教育社会学的理论，对于我们的课程研究具有很强的实践意义和理论意义。

（二）社会学对课程与学前课程的影响

　　当运用社会学的观点来理解课程研究时，"课程社会学"就应运而生了。我们通常所说的"课程"，是伴随着近代学校教育制度的产生而产生的。课程自产生之时起就被

赋予了充当实现教育目标的具体文化载体，教师与学生进行教学活动的基本依据的职能，成为一个重要的教育范畴。或许正是由于这一缘故，课程自产生后很快便成为教育研究的一个十分重要的对象，课程研究也成为教育研究中的一个重要领域。课程理论是教育学的一个相对独立的分支领域，课程社会学则是教育社会学的一个分支领域。在课程社会学的基础上，重新审视学校课程的各个基本问题，在反思的前提下重新阐述课程的各项基本理论，是非常有必要的。

（三）学前课程的社会学分析

课程社会学研究对于课程理论的功用是由教育社会学与教育学这两门学科之间的关系决定的，学前课程的社会学研究与学前课程理论之间也存在着一种"基础研究"与"应用研究"的关系，因此，学前课程社会学是支撑学前课程理论不可或缺的一门基础学科，是课程理论不可或缺的基础学科支柱之一。进行学前课程的社会学研究，是我们用多元的视野来审视学前课程发展的重要组成部分之一。学前课程研究的对象到底是什么呢？作为一门注重实践的学科，课程社会学探讨的是课程的制度化与再制度化，其中包括了三个永恒的主题：课程与社会控制的关系、课程与社会公平的关系以及课程与社会进步的关系。所有的课程社会学研究，几乎都可根据这三个主题加以归类，只不过在理论、方法论、研究焦点或术语上有所不同罢了。课程社会学的研究对象就是具有社会学意味的课程问题，根据这一界定，学前课程社会学研究的对象是具有社会学意味的学前课程问题，或者说是课程问题的社会学层面。

对于学前教育工作者而言，社会学的分析将为我们揭示看待课程研究的全新角度，引导我们去"观察布景后的东西"。通过多学科的研究与关注，可以使我国的学前课程理论除了享有哲学与心理学的学科支撑之外，还可以获得新的学科支持，从而改善我们的课程理论研究长期以来一直存在"营养不良"的状况，将课程研究的科学化历程向前推进一步。

第四节　人类发展生态学视角下的学前课程

一、学前课程的生态考察

生态学不仅是一门科学，也是一种看待世界的哲学。在生态学视野中考察学前课程，主要是运用联系、系统的生态学思维方式全面地分析学前课程的生态系统，分析影响学前课程的各种因素，以及这些因素与课程之间相互作用的规律和机制。

（一）学前课程的生态环境

我们把学前课程看成是一个有机体，学前课程的生态环境就是指由影响学前课程的各因素相互作用构成的有机环境。不同的生态环境孕育不同的学前课程。学前课程作为社会大系统中的小系统之一，总会带来所在生态环境特有的自然、社会与文化的印记。

某一生态因子对学前课程的影响主要有两条途径：第一，某一生态因子直接作用于学前课程，如社会文化通过直接构成课程内容而影响学前课程；再如科技的迅猛发展，已使多媒体进入课程，成为学前课程实施的重要手段。第二，某一生态因子通过改变其他生态因子，而间接作用于学前课程，如社会发展对人才的需求对学前课程的影响，在通常情况下，大学教育与职业教育会非常敏感地反映社会发展对人才的要求，及时根据社会发展的需求调整人才培养的规格。而学前教育只是人生的启蒙教育，只承担为人的一生奠定基础的责任。它与社会对人才需求之间没有直接的联系，但是并非没有联系。

从生态学上来讲，学前课程与环境之间具有三种基本关系：作用、适应与反作用。其中环境对学前课程的影响称为作用；学前课程改变自身以与环境相协调的过程称为适应；学前课程反过来对环境的影响和改变称为反作用。但是在较短的时间（如三年五载）内，学前课程与环境之间的关系主要以作用与适应为主，以反作用为辅；在较长的历史时间（几十年）中，学前课程与环境之间的反作用关系将会增强。

（二）学前课程的生态特性

学前课程的生态特性是指从生态学的视角来看，学前课程特有的属性。学前课程主要有以下几个生态特性：

1. 客观性

从生态学角度来看，学前课程属于人工系统。但是，学前课程并不是凭空产生与发展的，而是要受到当地经济发展水平、文化传统、政治、学前儿童身心发展特点、家长的期望、社区的环境等各种客观因素的制约。

任何教育理论都有其生长的土壤，都是其所在地域文化、经济、政治等多方面的反映。我们在借鉴国际教育经验时，必须考虑其深厚的文化背景及其与我国教育情景的差异。即使在同一个国家，在文化价值观总体一致的情况下，也要考虑其他经济条件等不同带来的差异。

2. 多样性

由于课程赖以存在和运行的环境不同而使学前课程呈现多样性。具体从宏观和微观两个方面分析。

从幼儿园所处的大环境来看，任何一种学前课程都产生于特定的地方，任何一个地方都孕育着一种学前课程。任意把一个地方的学前课程搬到其他地方使用，都会受到来自环境中的某些生态因子的阻力。

从幼儿园内部的小环境来看，班级是幼儿园课程实施的基本单位，在一所幼儿园内，找不到两个相同的班级，因此建立在不同班级基础上的班本课程自然是不同的。另外，即使幼儿园各班级使用同样的课程，不管教师是否意识到，真正落实到班级中的课程并不相同。因为课程不等同于教材，不等同于设计好的文本教案，真正落实到班级中的课程受教师对教材的领悟，教师的教学智慧，教师的知识观、儿童观等多方面的影响。因此，在同一幼儿园之内，不同班级的课程也不尽相同。再往微观方面分析，在同一班级中，班级课程在落实到每个幼儿身上后会变得更加多样。这是因为每个幼儿的兴趣、需要、经验不同，以及在活动中教师与他们交往的频次、深度与主题不同，所以不同幼儿体验到的课程也不同。

因环境不同而使学前课程呈现的差异性、多样性，并不意味着不同类型课程相互对立，不可互相学习借鉴。因为学前课程以学前儿童为对象，以学前儿童身心发展特点为依据，以促进学前儿童身心全面和谐发展为根本使命，因此生长于不同环境中的学前课程也具有共通之处。它们之间可以沟通交流，可以相互借鉴，但是绝不能生搬硬套。

3. 关联性

关联性主要有以下四个含义：

第一，不同领域的知识之间不是相互隔离、彼此封闭的，而是相互渗透、彼此关联的，这是内容的横向关联。

第二，课程内容前后间的联系，这是课程内容的纵向联系。如在数学领域，教师应首先帮助幼儿认识一个数字，然后认识两个数字之间的关系，最后再认识三个数字之间的关系，包括组成、加减等。

第三，幼儿教育的启蒙性、生活化决定了幼儿园各领域之间应保持密切关联。幼儿教育的启蒙性决定了幼儿园课程并不是以幼儿获得多少高深的知识为追求的，而是以帮助幼儿认识周围世界为追求的，幼儿生活的世界是综合的。因此，幼儿的学习也应该保持这种最朴素的综合。

第四，幼儿心理发展的整体性决定了课程内容之间的关联性。发展心理学和认知心理学研究表明，当学习者与相互关联的观念发生联系的时候学得最好，因为学习者的心理具有整体性。建构主义学习理论也认为，当信息渗透于有意义的情境之中的时候，当创设隐喻和类比时，当给学习者提供能够使其产生与其个人相关联的问题的机会时，学习者就能够进行理想的学习。幼儿心理发展的整体性必然要求幼儿园课程具有关联性。而且，关联的课程能够为学习者提供许多潜在的机会，以使其发展和完善有意义的知识和技能，从而能够增强幼儿的自我效能感和学习动机，提高幼儿的学习兴趣。

二、人类发展生态学对学前课程的启示

（一）幼儿园课程的人类发展生态学简析

活动取向的定义中幼儿园课程是实现幼儿园教育目的的手段，是帮助幼儿获得有益的学习经验，促进其身心全面和谐发展的各种活动的总和。在幼儿园课程中，每个活动都由教师、幼儿、目标、内容、方法、环境、材料、组织形式和时间等因子构成。根据因子是否具有能动性，可以将因子划分为主体因子和客体因子。主体因子包括教师和幼儿；客体因子包括活动目标、内容、方法、环境、组织形式和时间等。在活动中，教师和幼儿之间发生的相互作用，取决于教师和幼儿的角色定位。

从这个意义上来看，活动、角色和人际关系（相互作用）是幼儿园课程的三要素。幼儿园课程可以定义为：为了实现幼儿园教育目标，教师和幼儿之间以及幼儿之间以不同角色进行相互作用的各项活动的总和。幼儿园课程反映了幼儿体验到的幼儿园这一微观系统的状况。同时，幼儿园课程也受到幼儿的中间系统、外系统以及宏观系统的影响。

（二）人类发展生态学对幼儿园课程的启示

1. 人类发展生态学对幼儿园课程理论的启示

（1）体验是幼儿园课程的重要特征

人类发展生态学强调的环境不是纯客观环境，而是在客观环境中，个体体验到的心理环境。体验是环境的主要特征。对于幼儿来说，课程不是我们看到的、听到的外部实施的显性过程，而是每个参与者在扮演不同角色，发生不同人际关系的过程中所体验到的课程。体验与经验不同。幼儿体验课程的过程也就是课程在个体精神世界中建构意义的过程。幼儿体验到的课程不同于经验到的课程，体验到的课程是赋予了个体意义的经验课程，是渗入个人情感的个性化课程。

（2）幼儿园课程在幼儿层面上表现为个体课程的集合

既然体验是幼儿园课程的重要特征，那么不同个体在同一外部活动过程中，由于参与的活动不同，承担的角色不同，发生的人际关系不同，体验到的活动也就不相同。在不同类别的幼儿当中，每个幼儿还具有不同的特质，如淘气的幼儿、自制力强的幼儿、好胜心强的幼儿等，他们实际体验到的课程也不同。因此，幼儿园课程在幼儿层面表现为个体课程的集合。

个体课程是幼儿园课程在幼儿层面上的实然存在形态，是个体真实体验到的课程，具有多样性和客观性，它不依我们的意识而存在，不因无意识而消失，它既可以是适

合幼儿个性发展的课程，也可以是不适合幼儿个性发展的课程。

（3）幼儿园课程建设是一项需要多主体参与、多方位开展的系统工程

幼儿园课程在幼儿层面上是个体课程的集合，即每个幼儿在课程中参与的活动、承担的角色以及发生的人际关系不同。这不仅受到直接参与课程的幼儿（自身的特质）以及教师（儿童观、课程观）影响，还受到家长和教师之间是否进行个人化交流的影响，甚至还受到家长的职业和工作强度的影响。这些因素不是层层分明、相互割裂的影响幼儿园课程，而是在相互交融、难分彼此的状态下共同作用于幼儿园课程的。

因此，幼儿园课程建设需要同时改善幼儿的家庭生态、教师的工作生态以及社会生态等，需要专家、领导、教师、家长、幼儿以及社会其他相关人员的共同努力，需要改变教师和幼儿的角色定位，改变课程的目标、内容、途径、组织形式、评价等。

（4）幼儿园课程建设是一个永无止境的过程

人存在的环境总是随着时间的变化而不断变化的。良好的幼儿园课程生态不是一种静止的现象，幼儿园课程建设也不是一劳永逸的一次性工程，它需要各方主体，包括教师、幼儿、领导、家长等长期不断地交流，是一个永无止境的过程。

2. 人类发展生态学对幼儿园课程实践的启示

（1）幼儿园课程内容应呈开放态势，在时间上延续和空间上扩展

在幼儿园课程中，教师应充分调动幼儿已有的经验，使幼儿从当前活动中获得的经验能够和已有经验建立联系，能够把当前获得的经验纳入已有的经验结构。只有先后的经验建立起联系，经验才可能具有生命力，在将来某一时刻，发挥生长的潜力。

人类发展生态学还强调，如果幼儿从活动中获得的经验能够在空间上超越直接环境，扩展到更大的间接环境，那么幼儿不仅能积极主动地参与直接环境中的活动，而且能够改变或丰富已有的经验结构，并积极参与其他环境。

（2）师幼之间以及幼儿之间应展开对话

人类发展生态学认为，当双方建立在相互肯定的情感关系之上，且双方能够展开互动，参加日益复杂的活动且能面向发展中的个体逐渐流动时，这样的关系即发展性（双人）关系。

师幼之间以及幼儿之间展开对话是建构发展性关系的重要途径，在发展性人际关系中建构起来的课程属于发展性课程。它有三层含义：第一，幼儿在课程中获得发展；第二，教师也在课程中获得发展；第三，课程是课程参与者"跑"的过程，而不是冰冷的业已存在的"跑道"，换言之，课程不是教师预先确定的、静态的、凌驾于幼儿之上的客体。

（3）互为信息交换者是师幼之间最佳的角色定位

人类发展生态学认为，角色是包含了活动和人际关系的有机体，角色是活动参与

者进行人际关系的行为起点。当教师和幼儿在课程中分别扮演着知识传授者和接受者的角色时，知识的权威决定了师幼之间的人际关系呈现控制与服从的性质，很多幼儿在课程中的话语权将被剥夺，活动的丰富性将会降低。

在课程中，教师不仅要输出信息，而且要交换信息，更需要学会做倾听者，先从幼儿处接受，甚至捕捉信息，调整已有信息，使其符合幼儿的需要、兴趣和学习风格等。教师应促进活动中信息的双向或多向交流，使课程成为信息交换的平台。

第三章　学前教育与家庭教育指导

第一节　学前教育理论概述

一、学前教育的价值

价值就是满足人们需要的关系属性。学前教育有利于开发儿童的学习潜能，提高他们的学习兴趣，增强他们的学习能力，从而促进学前儿童较好地适应以后的学习生活，为其终身的发展打造一个良好的开端。

（一）学前教育价值的心理基础——关于关键期的研究

关键期是发展神经生物学领域中的重要概念，起源于奥地利生态学家、诺贝尔奖获得者洛伦兹对印刻现象的研究。之后研究者开始把主要精力集中于人类行为上，并且这些研究成果为教育领域研究早期儿童发展所借鉴，尤其是对儿童的各种早期发展行为（包括心理、技能、知识的掌握等行为）的研究中，提出了儿童心理发展关键期理论，并且对儿童早期教育和儿童学习产生了巨大的影响。当前研究进展主要包括关键期内某些功能的补偿性、关键期与突触发生及修剪的关联性等方面。

研究发现，关键期内的某些能力以及学习能力与突触发生有密切关联，即学习的机制在于神经细胞突触能力的改变。一个人从出生起就不断地学习和记忆各种东西，在脑系统中也相继形成一个个有序状态，相应地也引起突触的生长。从婴儿出生开始一直持续到儿童期，这是大脑神经突触显著增长的时期。人脑中突触的密度是随着不同的脑区而变化的，在幼儿成长过程中，存在着一系列的关键发展期或敏感阶段，不同发展方面的关键期也不尽相同。

人类突触生长的时间周期与儿童的发展和教育密切相关，表现为神经发展方面的改变与幼儿行为和认知能力变化的联系。环境刺激维持和强化经常加工信息的突触，经常使用的突触得到经验的强化和保持。错过了学习关键期，相关的学习就会变得非常困难，呈现递减状态，甚至不可能进行相关的学习。因此，科学家称之为一个可开可关的"机会之窗"。

所有这些研究都在坚定一个信念：幼儿早期是大脑对新经验最开放的时期。脑的发展在最早期是独特的，经验在一定的时间段里能起到非常重要的作用，它们将要深深地影响其往后的发展。学前期是人生的关键阶段，人的学习能力、对事物的敏感程度、行为习惯以及智力等，都是在这一时期发展而来的。这段时期对儿童具有重要的作用，所以应该抓住机会对其开展适宜性的教育，提升儿童早期发育所处环境和所接触信息的质量。

（二）学前教育对于人的发展价值

学前教育阶段是人生最重要的训练和装备心灵的阶段，为人的一生做重要的奠基。它涉及各种潜能的发掘、各种意志品质的培养、各种必要生活经验的习得、各种良好习惯的养成。学前教育对于人的发展价值是学前教育诸多价值中最核心、最根本的，它对教育事业、家庭和社会发展的价值，都是以其对人的发展价值为中介来实现的。

1. 为儿童的身体发展奠定良好的基础

在学前期，儿童处于生长发育的重要时期与特殊阶段。身体的生长发育速度快，身体各部分器官与系统尚未发育成熟，身体形态结构没有定型，儿童的动作不够协调，独立生活能力差。学前教育遵循儿童身体生长发育规律，通过科学安排儿童生活、预防疾病、平衡膳食、加强体育锻炼等措施，能够促进儿童身体的正常发育，加强机体的机能及对外界的适应能力，增强体质，并为儿童未来的发展奠定良好的基础。

2. 持续影响儿童社会性品质的发展

学前期是个体社会化的起始阶段，6 岁前是人的行为习惯、情感、态度、性格雏形等基本形成的时期，是儿童养成良好社会性行为和人格品质的重要时期。这一时期儿童的发展状况影响并决定着其今后社会性的发展方向、性质和水平。高质量的学前教育能够有力地促进儿童社会交往能力、爱心、责任感、自控力、自信心和合作精神的发展，帮助儿童积极地适应环境，顺利地适应社会生活，对儿童的各方面发展产生持续性影响，从而有助于他们的健康成长。

3. 对塑造儿童个性有非常重要的作用

在儿童时期，孩子的个性品质开始萌芽并逐渐形成。儿童有自己独特的视角，有自己独有的想法，自我意识逐渐萌芽，具有很强的可塑性，是最易发展，但也最易受挫的时期。学前教育在关注儿童全面发展的同时，注重儿童的个性彰显，为儿童营造一个宽松和谐、平等激励的环境，以正确的思维模式对其加以引导，有效地塑造儿童初步的个性态度和思想理念，树立儿童的自信心与上进心，培养儿童的创新意识与探究精神，鼓励儿童自由思考。学前教育能够从新的角度探索、思考和讨论新的问题，使儿童的个性品质得到最专业、最科学的塑造。

4.加强儿童对事物的认知能力

学前期是人认知发展最迅速、最重要的时期。儿童具有巨大的学习潜力，他们更愿意主动地学习知识，是学口语、交际成熟化、掌握知识概念最快速的阶段。同时，儿童的想象力、创造力十分丰富，动手实践能力很强，是逐渐挖掘潜力、开发智力的有利时机。

学前教育为儿童提供丰富的感性经验并给以积极的引导，促成学前教育与儿童的协调发展与连接，形成相互促进的联动关系。学前教育的质量还直接关系到儿童能否形成正确的学习态度、良好的学习习惯和强烈的学习动机。

（三）学前教育对教育事业、家庭和社会的价值

学前教育不仅对个体的身心发展十分重要，而且对教育事业的发展、家庭的幸福和社会的稳定与进步也具有重要的作用。

1.学前教育对教育事业发展的价值

学前教育作为我国学制的第一阶段、基础教育的有机组成部分，必然对我国教育事业的整体发展具有重要的作用与影响。学前教育通过帮助儿童做好上小学的准备，包括学习适应方面的准备（如培养学习所需要的抽象思维能力、观察能力、对言语指示的理解能力和读写算所需要的基本技能等），以及社会适应方面的准备（如培养儿童任务意识与完成任务的能力、规则意识与遵守规则的能力、独立意识与独立完成任务的能力以及主动性、人际交往能力等），能够使儿童入学后在身体、情感、社会性适应和学习适应等方面都有良好的发展，顺利地实现由学前向小学的过渡，进而实现向更高级别的学校过渡。由此可见，学前教育质量对于基础教育乃至教育事业的整体发展都有巨大的影响。

2.学前教育对家庭和社会的价值

事实表明，儿童能否健康地成长和发展已成为决定家庭生活是否和谐幸福、家庭生活质量是否提升的关键性因素。家庭是社会的组成细胞，每一个儿童都是家长关注的焦点，儿童的健康成长决定了家庭生活的和谐幸福。学前教育可以纠正、弥补家庭学前教育的诸多不足。专业教育机构提供的物质环境、人文环境是家庭教育所无法比拟的，而通过学前教师的专业教育活动，可以让幼儿在身心方面获得更大的发展，所有由专业教育机构开展的正规学前教育，对儿童的发展都具有很强的针对性。学前教育质量直接关系着家长能否放心地工作、安心地生活。这很好地反映出学前教育及其质量对家庭生活、国民经济的发展和社会秩序的稳定等所具有的重要作用。

在不同的历史时期，不同的社会背景下，学前教育的价值和意义是不同的。学前教育不仅为儿童的全面发展打下坚实的基础，更关系到社会的进步和国家的富强。学前教育是一切教育活动的起点，虽然教育事业没有尽头，但在学前教育阶段打好基础，

能让之后的教育活动更加高效。在终身教育观的指导下，必须重视学前教育的价值，放眼未来，从理论和实践上促进学前教育的发展，提升学前教育品质，真正做到为培养身心健康发展的儿童而奋斗，为切实追求儿童幸福而努力。

二、学前教育目标

学前教育目标代表了社会经济的发展对人才规格的需求，也代表了心理学、教育学等社会科学的研究进展，同时体现出家庭对儿童的期望。《幼儿园工作规程》对我国学前教育目标有了新的诠释，表达了现代社会和未来社会对新一代人才规格的需求。

（一）学前教育目标的概述

1.学前教育目标的内涵

学前教育目标是教育目的在学前教育阶段的具体化，是国家对学前教育提出的培养人才的规格和要求，是全国各类型学前教育机构统一的指导思想。

我国学前教育的目标是对幼儿实施体、智、德、美等方面全面发展的教育，促进其身心和谐发展。"全面"指体、智、德、美发展的整体性，缺一不可；"和谐"指体、智、德、美的有机性，不可分割。"全面和谐发展"是学前教育目标的核心要求，既是教育活动的出发点，也是教育活动的归宿。学前教育只有全面实施素质教育，才能满足幼儿终身学习和未来发展的需要。这一目标体现了国家对新一代要求的总方向，是确定幼儿园教育任务、评估幼儿园教育质量的根本依据，国家通过这一目标对全国幼儿园教育进行领导和调控。

2.学前教育目标的意义

（1）学前教育目标对学前教师的思想和观念具有导向、激励作用

学前教师是学前教育活动的组织者，是学前教育活动方向的把握者。用学前教育目标影响教师，使之具有明确和正确的目标意识，并以这种意识去选择教育内容、教育方法、教育手段，设计教育环境。可以说，对教育活动真正起指向作用的，是扎根于教师意识中的教育目标。有了明确的教育目标，才能使教育活动有统一的目标和步调，有统一的衡量教育结果的标准和指标。

（2）学前教育目标对教育过程具有指导、控制作用

学前教育目标是教育过程的调控器，它使整个教育过程都围绕并指向教育目标。由于学前教育目标提供了学前教育的发展方向和质量要求，教育者在按照一定的教育目标对幼儿进行教育时，就能更好地控制教育对象的发展，改变人的自然的、盲目状态的发展过程，或摆脱各种不符合教育目标行为的外来干预，按照教育目标的要求来培养儿童，为其成为一定社会合格的成员打好基础。

（3）学前教育目标对幼儿发展具有规范、评价作用

学前教育目标指明了幼儿发展的领域和基本范围，描绘了幼儿发展的蓝图。学前教育实践工作中，评价教育行为是否有效、教师工作成绩的高低以及在教育活动中幼儿成长状况如何，都是通过学前教育目标来检验的。教育目标也是衡量教育成效的尺度，是衡量幼儿发展的尺度。因此，学前教育目标也是学前教育评价体系的基础。

（二）我国学前教育目标的结构体系

在国家学前教育总目标的宏观指导下，通过"综合—分析—综合"的思维过程而形成纵横交叉、有机结合的目标系统。

1. 纵向结构

学前教育目标从纵向的逻辑关系来分解，可依次划分为四个层次。通过层层具体化，转化为对幼儿的可操作性的发展要求。学前教育目标的层次不同，其可操作性就有区别。越是具体的、下位的目标越具有可操作性。上位目标一定要分解为下位目标，才能得以实施。

（1）学前教育总目标

学前教育总目标是由国家制定并通过法规或其他行政性文件颁布的，是在全国范围内具有指导价值的目标。这一层次的目标概括性强，较为宏观，可操作性低，是一种较为原则性的目标。

（2）学段目标

学段目标是素质发展目标的具体化，由一系列相互联系的、逐步递进的单元目标构成。由于教育活动和幼儿发展既有连续性，又有阶段性，是一个循序渐进、螺旋上升的运转过程，也是幼儿素质不断由"现有发展区"向"最近发展区"持续递进的过程。因此，要制定不同的学段目标。学段目标包括各年龄班的学年目标和学期目标，即综合性地规定每个学段的教学内容、教学要求、主要教育活动与幼儿发展的预期目的等。

（3）单元教育目标

单元教育目标，即把学段规定的教育领域内容，按照以科学知识为主导、以事物的发展规律和幼儿的思维逻辑为序，确定一个个主题的排列组合，形成循序渐进、有机结合的系列性单元教育活动，并相应地一一制订单元教育目标。每个单元教育可包括若干个具体教育活动，可以是综合性的，也可以是侧重于某个学科领域的内容。学前教育生活中，让幼儿获得的认知、经验、技能以及个性、社会性品质等要求，都体现在单元教育目标中。

（4）教育活动目标

教育活动目标又称教育行为目标。它是指某一个具体的教育活动所要达到的结果，或所引起的幼儿行为的变化。它是单元教育目标的具体化，是一种最具有可操作性的

目标。学前教育任务和培养目标都要通过一个个的具体教育活动而实现。不管如何组合，具体活动目标都要落实学段目标和贯彻单元教育目标，并密切针对幼儿身心发展的实际水平和新需求。学前教育目标只有细化成教育活动目标，才能贯彻到具体的教育过程中，才能落实到幼儿的发展上。

2. 横向结构

横向结构是指上述每一纵向层次的学前教育目标都可以从三个横向角度加以确定，分别形成内容目标结构、领域目标结构和发展目标结构。

（1）内容目标结构

从学前教育内容来看，每一纵向层次的目标都包括体育、智育、德育和美育目标。这四个方面的目标相互联系、有机结合，形成内容目标结构。

（2）领域目标结构

从学前教育活动来看，每一纵向层次的目标都可分为健康、语言、社会、科学、艺术等领域的目标，从而形成领域目标结构。

（3）发展目标结构

从幼儿身心素质发展来看，每一纵向层次的目标都包括情感、认知与能力等方面的目标，从而形成发展目标结构。

（三）现阶段我国的学前教育目标

在《幼儿园工作规程》中，我国学前教育目标的具体表述如下：① 促进幼儿身体正常发育和机能的协调发展，增强体质，促进心理健康，培养良好的生活习惯、卫生习惯和参加体育活动的兴趣。② 发展幼儿智力，培养正确运用感官和运用语言交往的基本能力，增进对环境的认识，培养有益的兴趣和求知欲望，培养初步的动手探究能力。③ 萌发幼儿爱祖国、爱家乡、爱集体、爱劳动、爱科学的情感，培养诚实、自信、友爱、勇敢、勤劳、好问、爱护公物、克服困难、讲礼貌、守纪律等良好的品德行为和习惯，以及活泼开朗的性格。④ 培养幼儿初步感受美和表现美的情趣和能力。

学前教育目标的侧重点随着不同的历史时期而发生一定的变化。其中可以明显地看到知识观、教师观、儿童观、教育观的变化。从较多地强调知识教育发展到强调能力培养，从知识、能力并重发展到强调个性发展、情感发展。这也从一定程度上反映了广大学前教育工作者对幼儿发展认识的全面和深入。

三、学前教育的基本原则

教育原则是反映教育规律的，在教育系统内部制约和指导教育工作的基本法则和标准。学前教育的基本原则包括两个部分：一部分是与其他教育阶段（如中、小学教育）共有的，如尊重儿童的人格尊严和合法权益的原则、发展适宜性原则、因材施教原则等；

另一部分是它所独有的，与其他教育不同的特殊原则。

（一）保教结合的原则

"保教结合"在幼儿园是一种教育思想，也是一条教育原则。这是由幼儿身心发展的统一性所决定的，也是学前教育工作规律所要求的。贯彻保教结合原则是我国教育方针在学前教育中的具体体现。贯彻这一原则，应当注意以下两点：

1. 保育和教育是幼儿园两大方面的工作

保育主要是为幼儿的生存、发展创设有利的环境并提供物质条件，给予幼儿精心的照顾和养育，帮助其身体和技能良好地发展，促进其身心健康地发展；教育则重在培养幼儿良好的行为习惯、态度，发展幼儿的认知、情感、能力，引导幼儿学习必要的知识技能等。这两方面构成了幼儿园教育的全部内容。

2. 保育和教育工作互相联系、互相渗透

幼儿园保育和教育不可分割的关系是由幼教工作的特殊性和幼儿身心发展的特点决定的。虽然保育和教育有各自的主要职能，但并不是截然分离的。教育中包含了保育的成分，保育中也渗透着教育的内容。保育和教育是在统一的教育目标指引下，在同一个教育过程中实现的。在实践中应做到"教"中有"保"，"保"中有"教"，二者并举、有机结合，渗透于幼儿的一日生活和全部教育活动之中，统一在幼儿的全面发展上。

教师应从幼儿身心发展的特点出发，在全面、有效地对幼儿进行教育的同时，重视对幼儿生活上的照顾和保护，保教合一，确保幼儿健康、全面地发展。

（二）以游戏为基本活动的原则

基本活动是指在人生的某个阶段，其出现频率最高，对人的生存发展最有价值、最适合所在年龄阶段的活动。幼儿生理学、心理学的研究成果以及大量的实践经验表明，游戏最符合幼儿身心发展的特点，最能满足幼儿的需要，能有效地促进幼儿发展，具有其他活动所不能替代的教育价值。贯彻这一原则，应当注意以下两点：

1. 游戏是儿童最好的学习方式

"幼儿园以游戏为基本活动"符合现代学前教育的基本原理。对于学前幼儿来说，游戏也是一种学习，它是一种更重要、更适宜的学习。幼儿在游戏中感知和探索周围世界，模仿和演练社会行为规范。各种游戏活动为幼儿身体、智能、道德品质、情感、创造性发展提供了学习的平台，是他们成长的重要手段。幼儿园生活中，必须从时间、场地、玩具材料及教师指导等各方面保证幼儿各种游戏的正常开展。

2. 游戏是学前教育内容与形式的结合

游戏既是学前教育活动的内容，又是学前教育实施的途径。教学活动中可以通过游戏的形式巩固幼儿所学的知识、技能。通过游戏给幼儿一定的自主性，以达到激发

其学习兴趣，使之产生愉快的情绪体验，增强教育效果。为使学前教学活动更适合幼儿的需要，更好地发挥教育的作用，必须寓教育于游戏之中，把游戏的因素渗透到各种活动中，将游戏形式贯穿于教育活动的全过程。

（三）发挥一日生活整体教育功能的原则

幼儿园一日生活包括由教师组织的活动（如生活活动、劳动活动、教学活动等）和幼儿的自主自由活动（如自由游戏、区域活动等）。一日生活中的各种活动是完成体、智、德、美全面发展教育的需要，具有保育和教育的双重意义。每种活动不是分离、孤立的对幼儿产生影响力，幼儿一日生活中教育手段的多样性也有利于其接受教育。合理安排幼儿的一日生活是其学习与发展的基本保证。贯彻这一原则，应当注意以下两点：

1. 教育生活化

教育生活化是指将富有教育意义的生活内容纳入课程领域。例如，课程安排按照学前教育机构生活的自然秩序展开，课程内容可以依据节日顺序展开，或者依据时令、季节变化规律来组织课程等。加强教育同生活的联系，将学前儿童在各种情境中的经验加以整合，不论是日常生活中学习积累的，还是在非日常生活中应该了解和认识的，都纳入课程组织结构中加以统整。此外，活动的内容选择、活动的实施等都要注意生活化。

2. 生活教育化

生活教育化是指将学前儿童已经获得的经验在生活中进行适时引导，以促进学前儿童的发展。在学前教育机构中，在成人看来并不重要的小昆虫、小石子、树叶等各种各样的自然物，都是学前儿童眼中的宝贝。教师若能对学前儿童的世界加以观察，并将这些内容有效地组织起来，会使学前儿童在感知生活的过程中得到发展。故教育活动设计不仅仅是课堂教学活动的设计，还应该包括一日活动的各个环节，寓教育于一日活动中，及时抓住机会对儿童实施教育。通过帮助儿童组织已经获得的零散的生活经验，使经验系统化与完整化。

在幼儿园里，教师要全面负责幼儿的整个活动，不仅要照料他们的生活起居、饮食睡眠，要指导他们进行身体锻炼，关心他们的身心健康，还要指导他们开展游戏、劳动、散步等各项活动，促进他们在智力、情感、社会文化等方面的发展。要贯彻"一日生活皆教育"的理念，教师就要全面了解幼儿各年龄段和各领域的行为发展，重视学习环境的创设，使他们真正能在与环境材料的互动中学习，还要丰富活动资源，细化一日生活的具体要求，在过渡环节方面精心设计，寻求幼儿自主与教师安排的平衡点，努力使其学习与发展得到具体的落实。

上述各条原则是彼此密切联系、相互渗透、不可分割的整体，教师在学前生活实践中应当综合运用，并贯穿于学前教育的全过程。

四、现代社会学前教育的发展趋势

儿童的早期发展状况会影响到一个国家未来劳动者的素质和效率，国民的生活质量以及社会的公平、稳定与发展。投资早期教育就是投资国家的未来。

（一）学前教育育人水平不断增强

20世纪80年代以来，许多国家逐步把学前教育纳入义务教育和终身教育的体系，在学前教育的目标、制度、内容、方式和方法等方面，都出现了新的变化。

1. 日益重视学前教育的全面发展功能

20世纪80年代以来，很多国家学前教育目标出现明显变化，即由加强早期智力开发向注重整体发展方向转变，倡导幼儿全面发展的论调成为主旋律。随着人文主义教育观的复归，人们意识到社会和情感问题应被看成智能发展的重要组成部分。近年来，各国学前教育目标、教育内容等区别逐渐缩小，出现了趋于融合的倾向，均包含促进儿童的社会交往、自我服务、自尊、思考、学习准备等方面的发展。

2. 学前教育科技含量不断增加

世界各国都进一步加强学前教育科研工作，开展学前教育及相关学科领域的专题研究。以信息技术、生命科学为标志的现代科技的发展，大大提高了学前教育的科学化水平。脑科学研究成果不仅使人类认识到幼儿教育不可替代的重要价值，也使幼儿教育更能科学地开发幼儿的大脑潜力，发展智力。而信息技术的发展使幼教从教育观念到办园模式，从教育内容、形式到教育方法、手段等，都发生了根本性的变化。目前，在幼教教学软件开发、多媒体教学技术应用、通过移动互联网科技引导学前教育未来发展等方面，发达国家都表现出强劲的发展势头。

3. 学前教育特色理论实践体系趋于完善

近年来，心理学、生理学和保健学等方面不断取得新的科研成果，这些学科的知识与研究方法对学前教育理论发展起着巨大的推动作用。学前教育学不仅从这些学科中借鉴相关的研究成果，而且逐渐利用社会学科常用的实证方法和自然学科所采用的实验方法，尝试新的改革。出现"0岁方案""多元智力理论"等幼教新理论，以及"铃木小提琴教学法""自然游戏教学法"等。

（二）学前教育机构不断发展

各国学前教育事业虽然有较大发展，但正规的学前教育机构，如幼儿园和保育学校等，仍难以满足社会上的各种不同需要。近年来，许多国家学前教育机构的办学形式日益多样化和灵活化。

1. 学前教育机构形式多样化

从形式看，有全日制或半日制的幼儿园、保育学校，也有计时制或咨询游戏性质的托儿站，还有一些以艺术训练为主的幼儿艺术学校。在瑞典，主要有日托中心、托管中心、学前教育中心、家庭日托、儿童护理中心、公园游戏场所、玩具图书馆等；在澳大利亚，主要有学前教育中心、儿童保育中心、游戏小组等；在南非，主要有保育中心、游戏小组、小学预备学校、母亲日托等。

2. 学前教育机构家庭化和社区化

瑞士和挪威等国出现被称作"日间妈妈"的家庭式微型幼儿园。这些家庭式微型幼儿园一般都设在开办人的家里。除自己的孩子以外，他们也招收少量其他人家的孩子。国外社区学前教育设施大致有三种：一是专为儿童设立的，如儿童馆、儿童咨询所、儿童公园等；二是为儿童与家长共同参与服务的，如图书馆、博物馆、儿童文化中心和各种终生教育中心等；三是所谓"父母教育"，如母亲班、双亲班和家长小组会议等。

3. 学前教育机构发展呈一体化趋势

20世纪60年代以来，托幼机构的性质开始发生变化，逐渐由仅限于保育发展成为集保育和教育功能为一体的幼儿社会教育机构。针对0～5岁、6岁的婴幼儿的"保教一体化"，成为世界多国开始着力的学前教育改革方向。一些国家相继建立和发展了"以社区为基础的整合性早期服务机构"，如英国有"早期儿童优质服务中心"，澳大利亚有"新型儿童服务中心""儿童保育和家庭支持轴心策略"和"家庭和社区振兴策略"，日本有"社区育儿支援中心""幼儿教育网"和"幼儿教育中心"。

多样化、多功能的学前教育机构，满足了社会不同层次的需要，也促进了学前教育的不断发展。

（三）学前教育师资不断优化

1. 重视学前教师在职培训

在职培训成为推动各国学前教师专业化发展的重要途径，并且部分国家在职培训已形成完整体系或者固定项目。新加坡政府开展"早期儿童发展培训者培训"。法国规定每位学前教师有权在职业生涯中免费接受累计一年的继续教育培训。日本在职教师的研修作为教师教育的重点，按照教师的需求，根据不同教龄阶段的特点，开展5年经验者研修、10年经验者研修、20年经验者研修等，以提高不同教龄教师的素质和能力。教师的在职进修形式有院内培训及公开保育活动、幼儿教育研究会举办的短期培训班等，并充分尊重和提倡教师自主性的研修。多渠道多形式的培训，使各国学前教师的合格率有所上升，师资队伍的质量得到提高。

2. 注意学前教师的性别构成

丹麦、瑞典、澳大利亚、马来西亚、日本等国都十分重视男性在学前教育中的作用，支持和鼓励男性从事学前教育工作。这使男性学前教师能占有一席之地，以促进儿童人格的健全发展。

（四）国际学前教育交流与合作日益频繁

随着世界全球化和一体化的趋势逐渐加强，世界各国都十分重视多元文化教育、全球教育和国际理解教育。

中国拥有世界最大规模的学前教育市场，学前教育工作者既需要对自身的历史和现实有清晰的认识，同时也要具备对今后教育发展的前瞻性与洞察力。学前教育工作者要充分发挥我国当前社会的有利条件，站在国际和未来的角度，进一步开展学前教育理论和实践的研究，进一步推进我国学前教育改革，进一步健全和发展具有中国特色的学前教育体系。

第二节　家庭教育的地位与意义

教育是人类特有的一种培养人的社会现象，从广泛的意义上说，凡是有意识地以影响人的身心发展为直接目标的社会活动都是教育，主要包括家庭教育、学校教育和社会教育三种形式。其中，家庭教育是教育的主要形式之一，它与学校教育、社会教育共同构成了一个国家完整的教育体系，担负着为社会培养新人的伟大使命。

一、家庭教育的地位

家庭教育是指在家庭生活中，父母或其他年长者自觉地、有意识地对子女和其他年幼者进行的教育和施加的影响。在家庭中，由于父母长者所拥有的身份地位以及在身心发展水平、社会生活经验等方面所具有的优势，再加上子女尤其是未成年子女在生活上、在情感和心理上对父母长者的依赖性，就决定了其在家庭环境中的成长主要接受的还是家庭中的长者——主要是父母的教育和影响。我们在一般意义上所说的家庭教育，指的主要就是家长对子女尤其是未成年子女的教育，其中对学前儿童的教育是重点。

家庭教育在人一生的发展中都会打上深深的烙印，而且在社会发展进程中起着重要作用。

（一）家庭教育对学前儿童社会化起着奠基作用

新生儿呱呱坠地时，只是一个具有生物特性的生命个体，对自己降临的这个世界一无所知。这个"自然人"若要生存下去，并融入社会，成为合格的社会成员，进而实现人的价值，就必须完成社会化。家庭是学前儿童的诞生地，是实现其社会化的摇篮，学前儿童最初的社会化就是在家庭中实现的。在与其他家庭成员的共同生活中，通过向长者尤其是父母的模仿和学习，学前儿童获得了最初的生活经验、生存技能，获得了对社会的最初认识，逐步懂得了一些最基本的社会规范。所以说，家庭教育为学前儿童的社会化奠定了最初的，也是最重要的基础。社会化是一个相当长的过程，它贯穿于人的一生，家庭对人社会化的影响也是持续终生的。但由于幼儿和童年时期是人生发展的关键时期，因此，家庭教育对学前儿童早期社会化的作用是十分重要的，也是其他社会机构无法代替的。

家庭教育既是学校教育的助手，也是社会教育的基础。家庭教育、学校教育、社会教育协调一致，形成合力，将有利于提高对新生一代全部教育的质量。

（二）家庭教育是一切教育的起点和基础

家庭教育、学校教育、社会教育是一个有机联系的整体。家庭教育是整个教育体系中不可缺少的一部分。三种形态的教育只有密切配合，才能发挥教育的整体功能，促进学前儿童的全面发展，为国家培养优秀人才。如果忽视其中的任何一个方面都会导致教育的失败。家庭教育、学校教育和社会教育各自有不同的特点和侧重，有一些人认为学校教育起着主导作用，家庭教育、社会教育是对学校教育的补充和配合，这种认识是不全面的。家庭教育不仅仅起到配角作用，还是一切教育的基础。因为不论是哪种形式的教育，它的教育对象都来自家庭，首先接受的是家庭教育，家庭教育对孩子有先入为主的定式作用。从这个意义上说，家庭教育是学校教育的基础，社会教育又是家庭教育的延续。

（三）家庭教育是学前儿童认识世界、进入社会的通道和桥梁

家庭教育着眼于学前儿童"一切能力"的发展，促进学前儿童体、智、德、美的全面的，充分的，自由的发展，是全方位的教育。家庭承担着学前儿童从生物人发展为社会人的启蒙工作，指导学前儿童学习、吸收有益的社会、自然和科学信息。在学前儿童还不能判断事物或做出选择时，父母的判断就是他们最初的参照标准。孩子总是通过父母的言行来认识和评价周围世界的。社会信息往往通过家庭的折射进入幼儿的心灵。家长的行为与子女的行为常常存在着一定的对应关系。家庭和家庭教育成为学前儿童认识世界、了解社会的通道和桥梁。它指导学前儿童随机地吸收有益的社会、自然和科学信息，抵制和缓解过于剧烈的冲击和不健康因素的侵袭，为学前儿童适应未来生活打下基础。

（四）家庭教育是推动社会文明进步的重要力量

家庭是最普遍的社会群体，是社会的细胞，整个社会就是由千千万万个家庭共同组成的。因此，家庭教育是最具广泛性和群众性的教育，家庭教育质量的高低直接影响着民族素质的高低与国家综合实力的强弱，影响着社会的稳定与发展。

（五）家庭教育是学前儿童身心健康发展的保证

父母不仅给子女先天的遗传素质，包含机体的形态、体质、先天禀赋和遗传病等种种有利和不利的因素，也提供后天发育成长的环境和条件。要使学前儿童的各种潜能变为现实，在很大程度上要靠家庭教育。通过婚前检查、产前诊断、产期保健和教育，可以控制不健康胚胎的产生和保证正常胎儿的发育，保证新生儿健康成长。家长给学前儿童创造了生活的第一个环境。合理而充足的营养、宽松而暖和的衣服、良好的生活场所，以及能促进其体力与智力发展的丰富信息刺激的物质环境等，这些都在一定程度上影响着学前儿童的身心健康。不同的家庭教育会使学前儿童有不同的发展。就营养来说，学前儿童若严重营养不良，不仅会影响各器官组织的发育，更严重的是会影响脑细胞的发育，而给儿童造成终身无法弥补的损失。

（六）家庭教育是学前儿童性格雏形形成的关键

家庭不但为学前儿童创造生活和发展的物质环境，满足其物质需要，而且给学前儿童以父母的爱，满足其精神需要。父母对孩子的接触、沟通、期待、激励，有助于学前儿童的自尊自信、道德品质、智力、语言和社会交往能力的全面发展。相反，那种漠不关心的、拒绝的、粗暴的、对学前儿童正当需要不予满足的态度，会阻碍学前儿童安全感、自信心、良好的情感和性格的形成和发展。学前儿童的性格还在很大程度上取决于学前儿童与家庭各个成员之间的双向联系。在以成人为中心的家庭中，学前儿童的家庭地位多半处于顺从、依附、被动的位置，这就容易养成听话、胆小、退缩、多疑的性格。在以学前儿童为中心的家庭中，学前儿童容易形成自我、自私、任性、依赖、动作笨拙、无能的性格。在民主、和睦、互相尊重、合作互助的家庭中，学前儿童容易形成独立、勤奋、自信的性格。

家庭成员的多角度、多层次的教育引导与学前儿童主观能动性的交互作用，有时是一致的，有时则是矛盾的，构成了极其错综复杂的心理、生理影响。这些影响日积月累地作用于具有不同遗传素质的学前儿童身上，就会引起他们不同的行为反应，塑造出各个儿童特有的个性特征。

二、家庭教育的意义

家庭教育的意义，主要表现在以下几个方面：

（一）家庭教育关乎国家兴盛、子女前程

家庭教育，上关民族未来、祖国强盛，下系子女前程、家庭幸福。人生成就的大小，与家庭教育和家庭环境的关系很大。有将门虎子，相府才郎，也有农家子弟长成民族精英的。兴国安邦的旷世奇才，其伟大人格往往靠家庭奠基。"孟母三迁""岳母刺字"

的故事，成为千古传颂的家教佳话；"三曹"（曹操、曹丕、曹植）、"三苏"（苏洵、苏轼、苏辙）铸就的文学辉煌，都离不开得天独厚的家教渊源。

家长要充分认识到家庭教育的重要意义，要通过不懈的努力，把孩子培养好。

（二）家庭教育担负子女教育的启蒙职责

家庭是孩子的第一所学校，父母是孩子的启蒙教师。父母的启蒙，帮助孩子的人生航船扬帆起程。

学前儿童的第一个表情、第一句话、第一个行为动作、第一点生活知识都来自父母。子女的兴趣爱好，甚至一生的志向追求，往往也是源于父母最初的启发和影响。

家长的职业、志向、爱好，影响和决定孩子的职业意向和人生前程。俗话说，"从小看大"，孩子小时候的表现，就能预见到其未来的表现，以及可能从事的职业。在家庭教育中，在兴趣的基础上培养孩子的职业意识和职业素养，能够入人心，被孩子接受和欢迎。更重要的意义在于，它不仅让孩子早日确立一种安身立命的技能，还可以让孩子早日发现个人潜能，并达到完善自我的目的。

（三）家庭教育能够及时"遇挫扶起"

人生道路是不平坦的，学前儿童在学习阶段尤其如此。遇到坎坷和挫折是经常的，也是正常的。所谓遇挫扶起，就是当孩子在成长道路上，遇到挫折或犯了错误的时候，父母能够及时给予抚慰、劝导和教育。

在跌倒之后，有的孩子有的时候能够自己爬起来；而更多的孩子没有能力自己爬起来，需要成年人尤其是教育者和监护人，帮助他爬起来。把跌倒的孩子及时扶起来，家长应是第一责任人。因为家长只照顾自己的子女，而教师面对的学生却很多。教师有心但没有能力去发现同一时间每个学生的个别情况，即使能发现，也可能不及时。当教师腾出精力去帮助个别学生的时候，也许已经迟了，即挫折或错误对他造成的本应可以避免的不良后果已经形成了。

（四）家庭教育能及时为孩子"转折导航"

孩子在成长的路上会遇到许多重大转折，父母要及时为孩子进行"转折导航"，做好关键环节的家庭教育。所谓"转折导航"，就是当孩子在成长道路上发生重大转折和变化的时候，即在其成长发展的关键环节，父母能够教育帮助孩子，解决重大变化和转折所必然带来的各种新问题，给孩子及时（准确说应是提前）指点新的前进方向，及时给予鼓励，调整教管方法，提前做好充分的精神准备和物质准备，使孩子尽快适应新变化、熟悉新情况，尽量减少转折时的缓速期和新阶段的"磨合期"，从而取得新阶段的起跑优势和主动权，为新阶段的竞争乃至整个学业的成功奠定基础。

（五）家庭教育具有重要的"育能塑德"作用

"育能塑德"，就是指父母培养孩子形成基本生存生活能力、学习能力、交际能力、健体审美能力、良好品质和良好行为习惯，是家庭教育最基本的日常性教育活动。家长对孩子教育影响的综合功能，就是"育能塑德"。人生的基本能力、良好品质和行为习惯的养成水平，家庭教育具有基础和定向作用。如果"育能塑德"的作用发挥成功，就能达到家长们通常所说的，让孩子至少"成人"的基本标准。

一般从孩子具有一定的接受教育能力时开始，家长结合孩子的生理和生活需要，采用寓教于乐的形式，向孩子传授初步的生活知识、经验及文化知识，促进孩子智力和身心健康发育，形成最初的生活及学习能力。

从当前情况看，在我国，尤其是广大农村，绝大多数家长没有条件进行科学而系统的家庭教育，多数是一种"自然随成"的环境式家庭教育。从这个意义上讲，父母对学前儿童的身教作用，远远大于言教。身教的特征即潜移默化。一般来看，父母的性格、品质、兴趣爱好、日常行为动作等，对子女的影响比较突出。这类心理活动和行为活动的习惯性较强，潜移默化的程度也强。

一般情况下，家长思想、认识、工作、生活等各方面的一切优势、特长和成功经验，都会有意或无意地，并以言传或身教的形式，传授给孩子。"金无足赤，人无完人"，在这种传授过程中，家长需要努力克服和避免自身不良的方面，以免影响到孩子。

（六）家庭教育提高学前儿童的审美能力

在学前期，家长对孩子进行审美教育非常重要。儿童时期错过了的东西，到了少年时期就无法弥补，到了成年时期就更加无望了。这一规律涉及孩子精神生活的各个领域，特别是美育。孩子对艺术的感情源于父母，一个孩子如果每天都能生活在丰富的家庭艺术环境之中，那么他就会心情愉快，喜欢艺术。随着人们生活水平的提高，家长已不满足于让孩子吃饱和穿暖，他们竭尽全力对孩子进行艺术教育投资，以激发孩子对艺术的兴趣。近20年来，许多发达国家热衷于从事天才教育。教育家们认为在任何一群学前儿童中，有些会显露特殊的天分。在传统上，天才是由智商分数（IQ）测定的，但这并不是一个很恰当的测量标准。学前儿童可在某类智力上有天分，也可能在综合智力上有天分。

中外许多艺术家的成长无不凝聚着童年时代父母教育的心血。著名作家高尔基，从小和外祖母生活在一起，每天晚上，外祖母都给他讲民间诗歌和童话故事，这对他的文学创作产生了重要的作用；莫扎特之所以能在6岁时四处进行旅行演出，并轰动了当时的维也纳艺术界，最终成为奥地利的著名音乐家，不仅是由于他出生在一个音乐之家，从小受到家庭的熏陶，更重要的还在于他的父亲善于发现孩子的才华，并给予及时的教育，使他在3岁时能在琴上弹简单的和弦，4岁时能识谱，5岁时能作曲……

在父亲的正确引导下，莫扎特逐步走进了艺术的殿堂，成为世界级艺术大师。

第三节 学前儿童家庭教育指导的内容

幼儿园要对家庭教育的方方面面给予切实的指导，遵循家庭教育指导的各项原则，综合运用家庭教育指导的多种形式，设计科学的家庭教育指导方案，以提高学前儿童家庭教育的质量。幼儿园对家庭教育进行指导，不仅是贯彻幼教法规、与世界幼教接轨、发挥学前教育整体功能的需要，而且也是提高家长的教育素质、促进学前儿童更好发展的需要。幼儿园家庭教育指导的内容是幼儿园家庭教育指导的目标和任务的具体化，它既包括向家长介绍幼儿园教育诸多方面的情况，又包括向家长传递教育孩子的知识和技能，提高家长的教育素养，配合幼儿园教育好孩子，使幼儿园、学前儿童、家庭三方受益。归纳起来，幼儿园家庭教育指导的主要内容包括以下几方面：

一、宣讲现代儿童观和教育观

家庭是社会的细胞，孩子是父母的希望，更是祖国的未来。中国是一个古老的国家，在抚养孩子的看法和做法上，深受传统教育思想的影响，许多家长至今仍把孩子看作父母的私有财产，用以传宗接代、光耀门庭，把对孩子的教育看作一家一户的私事。这种观念已远远不能适应当代社会发展的要求。现代社会儿童观认为，学前儿童是人，他们具有生存权，具有人的尊严以及其他一切基本人权；学前儿童是一个正在发展的人，故而不能把他们等同于成人，或把成人的一套标准强加于他们，或放任儿童的发展；学前儿童期不只是为成人期做准备，他们具有自身存在的价值，学前儿童有权拥有欢乐自由的童年；学前儿童是具有主体性的人，是在各种丰富的活动中不断建构他们的精神世界的；每个健康的学前儿童都拥有巨大的发展潜力；学前儿童的本质是积极的，他们本能地喜欢和需要探索学习，他们的认识结构和知识宝库是其自身在与客观环境交互作用的过程中自我建构的；每位学前儿童都有接受教育的权利，教育的目的不仅在于学前儿童的发展，而且在于学前儿童的欢乐幸福。党和国家历来重视家庭教育，认为家庭教育是国民教育中不可缺少的组成部分，对提高全民族素质具有重要作用。为此，幼儿园要向家长宣传现代化教育观念，使他们充分认识到教育子女是一桩国家大事，关系到民族的生死存亡。

二、说明家庭教育的独特价值

人的教育是一项系统的教育工程，这里包含着家庭教育、社会教育、学校教育，三者相互关联且有机地结合在一起，相互影响、相互作用、相互制约，在这项系统工程之中，家庭教育是一切教育的基础。著名教育学家苏霍姆林斯基曾把儿童比作一块大理石，他说，把这块大理石塑造成一座雕像需要六位雕塑家：家庭→学校→儿童所在的集体→儿童本人→书籍→偶然出现的因素。从排列顺序上看，家庭被列在首位，可以看得出家庭在塑造儿童的过程中起到很重要的作用，在这位教育学家心中占据相当的地位。幼儿园要向家长讲解家庭教育的特殊作用，家庭教育不仅是幼儿园教育所无法取代的，而且在某些方面甚至比幼儿园教育发挥着更大的作用。家庭对学前儿童个性的发展也起着决定性的作用。此外，幼儿园还要帮助家长发挥家庭教育的优势，充分利用家庭教育的针对性、连续性、灵活性、权威性、亲情性等特点，把孩子培养成人。

三、讲解学前儿童身心发展的知识

学前期是人生发展的关键期，学前儿童各方面的发展水平对其今后的成长有着重大的影响。幼儿园要向家长讲解学前儿童身心发展的一般规律和学前儿童之间的个别差异，使家长具备必需的生理学、心理学等方面的知识，为教育孩子做好准备。孩子生理和心理发展的关键阶段恰好是在幼儿园时期，所以教师和家长要在孩子发展的特殊时期给予相应的教育。对此，幼儿园教师应积极向家长进行讲解。

四、讲授家庭教育的具体内容

幼儿家庭教育的内容要能保证学前儿童的全面发展，幼儿园要向家长介绍有利于学前儿童身心各方面发展的内容，不顾此失彼，偏向任何一方，忽视其他方面，避免出现重养轻教、重智轻德的错误倾向。

健康方面，幼儿园应要求家长注意培养孩子良好的生活卫生习惯、自我保护意识和参加室外活动的兴趣，以促进孩子的生长发育，提高孩子的健康水平。

智力开发方面，幼儿园应提醒家长重视激发孩子的学习兴趣，培养孩子动脑、动口、动手的习惯，促进孩子的智力发展。

品德培养方面，幼儿园应要求家长注重培养孩子的爱心、良好的品德行为、活泼开朗的性格。

美感提高方面，幼儿园应提醒家长关心孩子感受美、表现美的情趣的发展，重视孩子创造美的能力的培养，使孩子成为外在美和内心美的和谐统一体。

五、讲析家庭教育的重要原则

幼儿家庭教育的原则是父母对孩子进行教育必须遵循的基本要求。幼儿园应帮助家长掌握家庭教育的主要原则，以提高家庭教育的质量。家庭教育的重要原则主要有以下几个：

（一）热爱孩子的原则

幼儿园要使家长明白热爱孩子是教育孩子的前提条件，没有爱就没有教育。要求家长能够做到：了解理解孩子，关心爱护孩子，尊重信任孩子，绝不溺爱孩子。做父母的常常忍不住要替孩子做选择，于是，孩子只能按照父母的决定去做。那么，这些决定越正确，孩子的窒息感就可能越强。最好的方式就是"适当放手"，让孩子自己做决定，即父母给孩子设定一个基本的底线——认真生活不做坏事，然后放手让孩子去决定自己的人生。例如，父母带孩子到商店买玩具时，可让孩子自己挑选所喜欢的玩具，而不应把成人的意愿强加给孩子。

（二）要求孩子的原则

幼儿园要使家长认识到父母严格要求孩子是对其真正的爱。父母对孩子提出的要求应简明、合理、及时、有序，不苛求孩子。从小严格要求孩子的好处是，让一切好的、美的、崇高的东西在孩子身上都成为一种本性，一种自觉。在孩子幼小之时，成年人对他们的影响是很深的，如果这时候对他们放宽的话，那种烙印会在他们心中很深很深，稍大后再严格要求，恐怕已经来不及了。作为父母，从孩子小时候起就有责任和义务教孩子知道什么应该做，什么不应该做，让好的习惯从小就养成。然后，让对孩子的严格在不自觉中变成他对自己的严格要求。例如，孩子走路不小心摔倒了，父母要求孩子自己爬起来，拍掉身上的尘土，继续往前走。

（三）教育一致的原则

幼儿园要使家长理解只有协调家庭中各种教育力量，组成统一战线，前后一致地对孩子进行教育，才能有利于孩子身心健康成长的道理。务必请家长做到：在对孩子教育的问题上，不论是在父母之间，还是在祖父母之间，或是在父母和祖父母之间都应保持高度一致。当父母对同一问题的处理意见不一致时，要尽可能避免孩子在场时发生争执，应该在事后再讨论。

（四）全面发展的原则

如果把对孩子的教育比作"木桶"的话，它应该由德育、智育、体育、美育、劳动技能教育五块"木板"组成。然而，在生活中我们会发现，很多父母都非常重视智育这块"木板"的长度，却忽视了其他四块"木板"。幼儿园要使家长意识到，只有对孩子进行各方面的教育，才能利于孩子的全面发展，使其成为社会所需要的人。既要重视孩子体力、智力的发展，又要重视孩子语言、情感、社会性的发展。此外，还要重视孩子审美能力的提高。

（五）因材施教的原则

幼儿园要使家长认识到每个孩子都有自己的特点，对孩子进行教育时，要从孩子的实际情况出发，根据孩子的年龄特点、性别特征、个性差异和当前情况，因材施教，促进孩子的最佳发展。比如，有的孩子很自信，认为自己什么都能干，家长就不妨交给他一些有难度的事情去做，之后根据具体情况适当指出不足，让孩子体会到自己还有一些事情做得不够好，逐步培养孩子谦虚谨慎的品德。相反，对自信心不强的孩子则最好交给他一些容易的事情去做，并在他做的过程中进行指导与帮助，完成后主要予以肯定，以逐步帮助孩子树立起自信心。

六、阐明家庭教育的基本途径

家庭教育是和家庭生活融合在一起的，家长安排家庭生活的过程也就是教育孩子的过程。幼儿园要使家长认识到家庭的内、外部生活都是教育孩子的重要途径，要予以重视。家庭教育的基本途径，如家庭生活结构、家庭生活条件、家庭人际关系。

（一）家庭生活结构

家庭生活结构主要有核心家庭、扩大家庭、单亲家庭、再婚家庭等形式。不同的家庭结构对孩子的发展有不同的影响，各有利弊。幼儿园要帮助家长利用现存家庭生活结构的优势，克服不足之处。例如，有个小朋友和爸爸妈妈、爷爷奶奶一起生活，小朋友的爷爷奶奶都已退休，爱管"闲事"，经常清扫公用楼梯，帮助邻居拿报纸、送牛奶；这个小朋友在幼儿园也喜欢帮助老师和小伙伴，深受大家的喜爱。这就是扩大家庭对孩子良好影响的结果。

（二）家庭生活条件

家庭生活条件是孩子接受教育的物质基础，具有"双刃剑"的作用。幼儿园要帮助家长扬长避短，合理安排家庭生活。在经济条件一般的家庭里，家长们更应该在用钱上精打细算，争取为孩子攒下必需的教育支出。但无论如何，父母都应该教育孩子从小要养成勤俭节约的习惯。教育孩子学会珍惜和热爱生活，因为只有懂得珍惜和热爱生活的人，才会懂得勤俭节约。作为父母，应该及时教会孩子什么是节俭。在孩子还小的时候就要告诉他，节俭是一种美德。

（三）家庭人际关系

家庭成员之间的关系是平等互助，还是独断专行；是亲密无间，还是冷漠无情，都会对孩子产生潜移默化的影响，孩子的脸是父母之间关系的"晴雨表"。父母关系是家庭的第一关系。父亲与母亲之间相处愉快，家庭气氛就会和谐、轻松，孩子很容易受到感染，心里也会满足、快乐。在婚姻关系中，最具伤害性的冲突方式是批判、蔑视、防御和抵制。这种伤害性不仅直接影响夫妻关系，也会波及孩子。孩子会不由自主地疏离父母，家的吸引力黯然失色。有的孩子在疏离父母之后，转而投向家庭之外的某个人或某个小团体，重新寻找归属感；有的孩子不仅疏离父母，还会主动地疏离老师、同学以及所有关心他的人，因为他不再相信还有谁是真的爱自己、在乎自己的感受。因此，幼儿园要使家长认识到不同的人际关系对孩子的不同作用，注意为孩子创造一个安宁、温馨、和睦、愉快的家庭生活环境。

此外，邻里关系、社区环境、社会环境对孩子的成长也有重要的影响，家长也应加以调节和控制。

七、阐述家庭教育的若干方法

家庭教育的方法是家长采取的各种教育手段，只有灵活机动地加以选择和运用，才能保证家庭教育的成功。幼儿园应向家庭讲解各种有效的教育方法，以及如何在不同情况下的运用和策略，使家长能把家庭教育的良好愿望变成现实。家庭教育的方法如讲解说理法、表扬奖励法、榜样示范法、陶冶感染法、批评惩罚法、提醒暗示法、实践活动法等。

（一）讲解说理法

家长对孩子摆事实、讲道理，提高孩子的认识，帮助孩子形成正确的观点。这可通过讲解、谈话、讨论等形式来进行。很多家长觉得孩子年纪还小，所以总是用哄着来的方式来教育孩子。有的家长认为等孩子长大了，自然就会懂得道理了，因此选择不给孩子讲道理。其实，这种做法不利于孩子身心的健康发展。家长应该给孩子讲道理，让孩子明事理，这样孩子才能变得懂事、成熟。为了培养孩子的优秀品质，塑造孩子的健全人格，父母在教育孩子的过程中必须学会讲道理。幼儿园应要求家长在运用这种方法时做到：目的明确、生动有趣、把握时机、和蔼可亲、不哄不骗。例如，父母在带孩子参加友人的生日活动时，教孩子学会说"祝您生日快乐"的祝福语言；在带孩子去给爷爷奶奶拜年时，教孩子学会说"祝你们春节愉快、身体健康"的恭贺话语，使孩子知道在不同的时间、场合，要用不同的语言对别人表示祝贺。

（二）表扬奖励法

家长要对孩子的好思想、好行为做出肯定的评价，以激励孩子的发展。幼儿园应提醒家长注意，表扬要符合孩子的特点，着重表扬孩子付出的努力，运用多种方式表扬孩子，注重对孩子进行精神奖励。父母是孩子最为信赖的人，如果得到了父母的表扬，孩子的自信心就会显著增强。孩子有了自信，就有了前进的勇气，不畏惧失败，好奇心旺盛，敢于挑战各种新事物。而且父母表扬孩子有助于加深亲子关系，彼此之间产生稳定的信赖感，孩子也会变得乐于助人。表扬孩子的时候，为了确保他能准确体会到家长的心意,有必要通过语言、表情和身体接触等方式来告诉他。

家长一定要好好通过语言和态度来向孩子表示赞美,但并不是说孩子做什么都得表扬他。像是自己穿衣服、刷牙,这种到了一定年龄就会做的事情,家长也要提出表扬的话,根本不会引起孩子的共鸣。反过来,如果孩子很努力地完成了某件事情却没有得到肯定,他就会忍不住想:"是不是我很没用?"因此,表扬要找准合适的时机,目光直视孩子,温柔地对孩子说:"妈妈/爸爸真为你骄傲!"这样才能真正触动孩子的心灵。

(三)榜样示范法

家庭教育对象主体是学前儿童。学前儿童的思维特点是具体形象性。他们的思想品德可塑性大,模仿性强,富于理想和幻想,有强烈的上进心。因而具体形象、鲜明生动的榜样,最容易被他们理解和模仿。由于父母与子女自然感情的亲密性,来自父母的榜样更易于使子女受到感染和激励,因而其教育作用就更巨大、更深远。从榜样发挥作用的机制来看,榜样是为学前儿童提供思想言行规范要求的物化模式,好像一面镜子。学前儿童心目中一旦树立了良好的榜样,他就能经常对照这面"镜子"自我检查,发现自己的差距和不足,或自愧不如,或受到激励,从而产生自觉克服缺点,努力上进的动机和行为。家长为孩子树立各种正面榜样,让孩子进行模仿,引导孩子积极向上。幼儿园应要求家长不仅运用伟人典范、同伴范例来激励和教育孩子,而且还要利用父母自身的榜样来启发、感染孩子,以身示教。

(四)陶冶感染法

家长通过创设和利用有意、有趣的环境,对孩子进行感染与熏陶,寓教于情境之中。幼儿园提示家长在运用时,注意利用人格感化、环境熏染、艺术陶冶等手法来达到家庭教育的目标。比如,全家人围坐在一起,一边温暖地品尝着家庭菜肴,一边各自说着自己的想法。如此不但可以调节家庭的气氛,而且还可以激发孩子的创造力,养成孩子思考问题的习惯。又如,爸爸给孩子做智力题,妈妈给孩子朗读诗歌或者小说片段,一家人其乐融融地围坐在一起,这种家庭的陶冶将会给孩子一生留下美好的记忆。

(五)批评惩罚法

孩子说错话、做错事是在所难免的,父母要避免孩子今后重犯错误,当然要对孩子进行必要的提醒、督责或批评。家长应对孩子的不良言行做出否定评价,以纠正孩子的缺点错误。比如,家长和孩子做游戏的时候,不要总是让着孩子,可以有意识地让孩子输掉几次,不要每次都让孩子当主角,应让他们体验失败的感觉。或者,给孩子制订一个任务目标,并根据其完成情况,给予孩子一定的奖励,让孩子在体会成功与失败的过程中,学会自我调节和控制。但是,幼儿园要向家长提出要求:孩子有错要批评,而且批评要及时、恰当,要让孩子从错误中吸取教训。此外,在督责批评的过程中，家长应尽量避免让自己的批评变质，尤其不要让自己的批评变成权威压迫。不少批评并不是批评本身有问题，而是批评的方式出了问题。父母在批评孩子时，如果能做到始终尊重孩子的人格和尊严，或者充分照顾孩子的"面子"，那么家长怎么责备、批评都是可以的。也只有这样，孩子对父母的接受程度才可能最大化，家长的教育效果也才可能最优化。

（六）提醒暗示法

家长用含蓄的方式，间接地对孩子的心理发展施加影响，发挥孩子的主动性、自觉性。有的家长十分注意让小孩养成收拾玩具的好习惯，他们花费许多心血，耐心地对孩子加以培养。当孩子玩完玩具之后，不知道应把东西收拾起来放好，家长这时就可以提醒或暗示孩子说："你很喜欢这些玩具是吗？那你愿不愿意和我一起把它们收拾好呢？"

幼儿园应要求家长不仅要根据具体情况选用直接暗示、间接暗示、反暗示、自我暗示等方式，而且还要综合运用这些方式，以取得预期的教育效果。

（七）实践活动法

家长有计划地组织各种活动，让孩子接受实际锻炼，养成良好的品德行为习惯。幼儿园应指导家长运用时注意：广泛开展各类活动，给孩子提供反复练习的机会，制订必要的家庭规则，委托孩子完成一定的任务。例如，让孩子亲自去"实践故事"比单纯地讲故事的寓意，更能让孩子理解得深刻。当今社会，少子化现象加上以课业为重，使家长渐渐忘记身为家庭一分子的孩子应该帮忙做些家务，没有实际付出劳动的孩子是很难体会劳动者的辛劳的。父母让孩子帮忙做一些简单的家务，并且适时地给予鼓励，不但能让他们学到基本的生活知识，还有利于培养他们的责任感和认真负责的态度。

八、介绍幼儿园的教育概况

幼儿园要向家长介绍幼儿园教育的性质、目标、任务、内容、途径、方法和手段，使家长对幼儿园教育有全面、深入的了解。例如，通过家长开放日活动，让家长目睹幼儿园的作息制度，亲身体验幼儿园一日活动的安排，使家长真正理解寓教于活动之中的道理。在家长开放日活动中，家长通过直观的方式，不仅可以了解幼儿园的文化和教育理念、课程设置、师资水平等"软件"情况，还可以了解到幼儿园的办园条件、环境以及孩子在园的活动表现、教师工作情况。现在，幼儿园开放日活动更多的是鼓励家长参与到班级活动中来。比如，邀请某些家长结合自己的职业特点给学前儿童讲课。家长开放日活动给家长的是直接经验，能帮助家长了解孩子在幼儿园的情况，让家长零距离地了解教师的教学方法，解除疑惑，并配合教师实现家校共育。家长也可以效仿教师的教学方法，借鉴教师的教育方式，更好地教育和引导孩子。

九、述评孩子的在园表现

幼儿园是学前儿童生活、学习的主要场所。对于全日制的孩子来讲，每周有 5 天、每天有 8 小时时间是在幼儿园里度过的；寄宿制的孩子在幼儿园的时间更长，孩子在幼儿园的一举一动，都牵动着家长的心。幼儿园理应为增强家长与孩子之间的交流与沟通创设平台，家长开放日成为实现这一目的的最佳形式。家长开放日活动能使家长具体、直观地了解孩子在幼儿园的生活及表现，为家长配合幼儿园教育创造了条件。幼儿园要让家长了解孩子在园的各种情况，不论是孩子身体、智力的发展，还是品行、美感的发展，均不应忽视。例如，通过指导家长观看孩子的美术作品，使其知道孩子绘画的水平和审美的能力。

十、引导家长与幼儿园教育保持一致

幼儿园向家长介绍学前儿童身心发展的特点和家庭教育的基本规律、幼儿园教育的性质、任务，主要目的在于提高家长的教育素养，加强其与幼儿园的联系，实现家长与教师相互配合来教育孩子，做到家庭与幼儿园的教育同向同步，协调一致，以提高幼儿园的保教质量。比如，为了配合幼儿园的"学会合作"主题活动，可以通过专题讲座，介绍国外的一些研究成果使家长明白配合幼儿园对孩子进行谦让教育的重要性。

第四节　学前儿童家庭教育指导的原则与形式

一、幼儿园家庭教育指导的原则

幼儿园家庭教育指导的原则主要有以下几个：

（一）了解性原则

幼儿园要对家庭教育进行指导，就必须了解孩子的家长及家庭。在获取了关于家长自身的情况（职业、文化程度、兴趣爱好等）、家庭情况（家庭结构、家庭居住条件、家庭生活方式、家庭成员之间的关系等）、家庭教育情况（对家庭教育的重视程度、教育内容、教育方法、教育经验、教育问题等）、对幼儿园教育的看法（幼儿园教育的重点应是什么、应怎样对孩子进行教育、如何改进幼儿园的工作等）等方面的大量信息以后，再给家长切实的指导。

在执行这一原则时，幼儿园可利用谈话、家访、填表等多种形式来进行。

（二）针对性原则

幼儿园在进行家庭教育指导时，要根据学前儿童和家长的不同特点，开展分类型和分层次的指导，注意灵活性。具体应做到以下三点：

一是，要从学前儿童身心发展的年龄特征出发，进行分类指导。例如，在对小班孩子家长进行指导时，要重点帮助他们做好孩子的入园适应工作；而在对大班孩子家长进行指导时，则要把重点放在帮助他们做好孩子的入学准备上。

二是，要从家长的具体情况出发，进行分类指导。可把父辈归为一类，祖辈归为另一类，加以指导；也可把父亲、祖父归为一类，母亲、祖母归为另一类，分开指导；还可把单亲父亲归为一类，单亲母亲归为另一类，分别指导。例如，在对父亲进行家庭教育指导时，要阐明他们在孩子成长中的独特作用；要启发他们学会分享、利用幼儿园的教育资源，把握接送孩子的有利时机，以主人翁的态度参与幼儿园的各种活动，积极参加各种家庭教育指导活动；要把如何发挥自身作用的策略教给他们。

三是，要从家庭教育的具体问题出发，进行分类指导。例如，把不重视培养孩子爱心的家长归为一类，单独指导，使其注意通过家庭的日常生活，教育孩子学会关心父母和老师；把喜欢打骂孩子的家长集中起来，加强指导，使其学会运用各种正面教育的方法来教育孩子。

（三）协调性原则

幼儿园在进行家庭教育指导中，要经常和家长交流情况，相互沟通，互通有无，协调配合，形成教育的合力。在遵循这条原则时，幼儿园要及时把幼儿各方面的情况反馈给家长，争取家长的合作。例如，可把孩子在幼儿园的一些突出表现、异常行为写在《家园联系册》上，使家长对孩子的成绩和问题做到心中有数。幼儿园还应要求家长及时把孩子在家里的表现反馈给幼儿园，以强化孩子的良好言行，克服孩子的不良言行。此外，幼儿园还要帮助家长解决一些问题，使双方教育一致，孩子能更好成长。

（四）科学性原则

在指导家庭教育的内容和方法时，幼儿园要注意科学性，使其符合学前儿童身心发展的基本规律和学前教育发展的客观规律，做到理论联系实际，既有科学性又有通俗性，注重实效。

在贯彻这一原则时，要注意向家长传授的知识，既要正确、准确，又要深入浅出，生动有趣，操作性强。例如，在指导家长开发孩子智力的时候，指导者不仅要说明观察力是孩子智力活动的窗口，对孩子智力的发展影响很大，而且还要把一些具体实用的方法介绍给家长，如激发孩子观察的兴趣，教给孩子观察的方法，参与孩子的活动，发挥语言的调节功能等。家长要充分发挥语言的调节功能，吸引孩子的注意力，教会孩子观察，并评价孩子观察的结果。为此，家长的语言应该简明扼要，重点突出，有较强的针对性。

（五）尊重性原则

在指导家庭教育时，幼儿园要尊重家长，平等对待各类家长，尤其是各方面发展暂时落后的孩子的家长，并引导家长在家庭里建立民主与平等的亲子关系。在执行这一原则时，一要平等对待自身条件不同的家长。不论家长从事什么样的职业、具有什么样的文化程度，也不论家长的社会地位如何、经济条件怎么样，都要一视同仁、不偏不倚。二要注意尊重孩子情况不同的每个家长。不论孩子的相貌如何，也不论孩子的身心发展水平如何，都要尊重他们的家长。特别对发展暂时落后的孩子的家长，应给予更多的尊重，和他们一起激发孩子的上进心。

此外，尊重有不同意见的家长。有的家长喜欢提意见、反映问题，无论如何，都要认真听取，如果提出正确的意见就加以接受。

二、幼儿园家庭教育指导的形式

幼儿园应因地制宜，采取多种形式，通过多种渠道，对家长进行家庭教育指导，提高学前教育质量。幼儿园家庭教育指导的基本形式主要有以下几个：

（一）家长学校

家长学校是对在家庭里承担抚养、教育孩子责任的父母和其他长者进行系统教育与训练的学校。幼儿园举办家长学校，聘请儿童保健专家、幼儿心理专家、学前教育专家，有目的、有计划地向家长传授保育与教育学前儿童方面的知识和技能。为使家长学校规范化、制度化，幼儿园可聘请当地德高望重的人来担任家长学校的名誉校长，建立以家长代表为主体、有幼儿园保教人员和社区（如街道办事处）有关领导参加的三结合校务委员会，主任由园长担任；校务委员会各成员分工负责，各司其职；每学期召开二三次校务会议，制订活动计划，安排活动内容，选择活动形式等。家长学校的教育内容要根据家庭教育的需要和家长的现状来确定。例如，针对家长不重视孩子性格教育这一问题，校务委员会决定开设"培养孩子良好性格"的专题讲座。家长学校可以用讲座的形式来进行，也可以用科学育儿报告会的形式来进行；可以分年龄班来举办，也可以按兴趣特长班来施行；可以是定期的讲课，也可以是不定期的活动。

（二）家长会议

家长会议是幼儿园对家长进行集体指导的重要形式，可分为许多种类。从时间上来分，主要有开学前的家长会议、学期中间的家长会议、学期结束时的家长会议；从形式上分，主要有全园家长会、班级家长会、小组家长会。

家长会议的主要环节：

（1）主持人欢迎家长的到来，感谢家长的参与。

（2）主持人向家长介绍今天进行主题发言的嘉宾园长或教师、家长。

（3）主持人邀请嘉宾园长或教师、家长进行主题发言。

（4）主持人鼓励家长自由发言、提出问题、共同研讨。

（5）主持人感谢嘉宾园长或教师及家长，并感谢全体家长的参与和分享。

总之，家长会议应该以孩子为中心，所有的议题都应紧紧地围绕着孩子的发展来确定，以促进家长和幼儿园双方的理解，达成共识。同时，还应该重视双向性，不要使家长会议成为园长、教师的一言堂，而要鼓励各位家长畅所欲言，以促进家长和幼儿园双方的互动，形成合力。

（三）家长开放日

幼儿园可定期邀请家长来园参观，参加园内的活动，以增进家长对幼儿园教育工作的感性认识，了解教育内容，掌握教育方法，体会到教师工作的艰辛，尊重教师，对孩子更有耐心。同时，家长在观察孩子集体活动时，能从不同的侧面认识自己的孩子，发现孩子与同伴的差距，看看孩子是否比以前有所进步，帮助孩子发扬优点，克服缺点，进一步改进家庭教育。鉴于家长不知道来园该看什么、怎么看等问题，幼儿园可为其设计一些简单的表格，引导家长观察孩子的活动，并做出评价，以提高开放日的效率。

（四）家长园地

幼儿园设置宣传栏、展览台、黑板报、陈列室，展示对家长有益的教育书刊和辅导材料，书写家庭教育的小常识，公布幼儿园的作息时间表、食谱、收费标准、集体活动要求及图片等，使家长能根据自己及孩子的实际情况和具体要求，有选择地进行观看，重点学习和观赏。比如，当家长看到黑板报上"如何培养孩子良好的学习习惯"的标题时，想到自己家的孩子学习习惯较好，就可以不去细看其具体内容；当家长看到旁边的"如何给孩子过生日"这一标题时，觉得很有兴趣，就可仔细阅读其具体内容。

在陈列室里，既有教师风采照片、种植的盆花、制作的教具、摄影图片，也有学前儿童的绘画作品、自制的玩具、观察气象日记、歌舞活动照片等，父母如果想激发孩子制作玩具的兴趣，培养孩子的动手能力，就可带孩子一起来参观教师制作的教具和幼儿同伴自制的玩具。

教师也可在自己班级门外的墙壁上开辟一块空间，作为家长园地，定期向家长介绍教育的目标、内容、形式、方法，可以是某个学科的教案，也可以是某个主题教育活动的设计。

此外，还可根据家长的需要，有选择地提供一些指导家庭教育的内容。

（五）家庭教育咨询

家庭教育咨询是帮助家长释疑解惑的有效途径，其形式有个别咨询、团体咨询、电话咨询、宣传咨询、现场咨询等。幼儿园在进行家庭教育咨询时，可请有经验的教师或专业人员，专门接待家长，帮助家长分析孩子存在的各种问题，提出一些教育上的建议。

家庭教育咨询还应建立档案，把家长提出的问题、教师的指导建议等方面的信息记录在档，以保存原始的资料；对接受过咨询建议的学前儿童进行跟踪调查，以了解这些教育建议的效果和学前儿童的发展情况，为提高家庭教育咨询的质量服务。咨询档案一般应包括以下几个方面的内容：咨询人、咨询的问题、咨询的时间、咨询的地点、解决问题的人、解决问题的办法、教育效果等。

（六）接送时交流

家庭教育指导贵在经常、持久，接送时交流是一种简便易行的指导方式。每天早晨孩子入园时间以及每天傍晚孩子离园时间，都是幼儿园对家长进行指导的有利时机，教师要适时利用。比如，有位妈妈在早晨送孩子入园时，告诉老师：孩子胆小，体质又差，希望老师给予照顾，不要让孩子在室外爬高、奔跑。教师一边向她解释单纯保护孩子并不是一个好办法，一边请她观看孩子荡秋千、滑滑梯、玩"老鹰捉小鸡"游戏时的兴奋心情，使她明白只有让孩子多参加活动、多锻炼，才能从根本上解决其提出的问题。

（七）电话交谈

幼儿园指导家庭教育时，可以把电话作为一个重要的工具，加以利用。第一，教师可把孩子当天发生的一些重要事情，告诉有关家长。第二，教师可把自己家的电话号码告诉家长，便于家长有事联系。第三，教师可把全班孩子家庭的电话号码记录下来，以便相互沟通。

（八）家园联系

教师采用书面通信的方式与家长进行联系，向他们报告孩子在园的情况，征求他们的意见；了解孩子在家的情况，以共同教育好孩子。"家园"联系册的内容一般包括园历、教职员工名单及教师简历、幼儿园教育目标、作息制度、主要活动安排、孩子在园表现、家庭基本情况、家长主要情况、孩子在家表现等。家园联系册，每个孩子人手一本，可以每个星期反馈一次，也可以不定期地往返于幼儿园和家庭之间，教师应鼓励家长把家庭教育中的一些困惑写出来，大家共同探讨良策。

（九）家庭访问

教师通过家庭访问，能更深入地了解学前儿童在家庭中的情况，和家长共商教育对策、家庭环境的创设。这种指导形式虽然花费的时间多，但效果却更好，能给家长实用、有效的帮助。

　　教师一般在幼儿园新生来园报到前，要进行家访。家访前，教师要对孩子父母的职业、工作单位及文化程度有一个大致的了解，对家访的内容做一个粗略的安排，还可设计一些图表，便于记录和分析。家访中，教师可与家长交谈，了解孩子的个性特点、行为习惯、兴趣爱好和家庭教育方面的情况，并对孩子的入园准备工作进行必要的指导。当学前儿童出现了一些不良行为，或有很好表现的时候，教师也要进行家访，目的是把隐患消除在萌芽之中，或强化学前儿童的良好行为。教师对表现不好的学前儿童进行家访，并不是去告状，而是为了及时向家长反映孩子身上所存在的问题，和家长一起商量解决的办法。

　　同时，教师进行家访，也能得到更多的关于孩子及其家庭的感性认识，为设计日后的教育活动奠定基础。

（十）家庭教育经验交流会

　　利用家长去指导家长，会使家长觉得真实可靠，易学易效仿。

　　有些家长教子有方，在家庭教育实践中积累了许多宝贵的经验，他们就是潜在的教育资源，幼儿园应充分发挥他们在家庭教育指导中的作用，通过他们的言传身教来带动更多的家长。在组织经验交流会时，人数不宜过多，可以班级为单位，也可以小组为单位来进行。

　　幼儿园还可运用其他形式来指导家庭教育工作，如亲子活动、幼儿园网站、园长信箱、家园小报、电视录像、竞赛评比等。

第四章 不同内容的学前儿童家庭教育

第一节 学前儿童家庭健康教育

一、学前儿童家庭健康教育的内容

学前儿童健康教育是根据学前儿童身心发展的特点，提高学前儿童健康意识，改善学前儿童健康态度，培养学前儿童健康行为，维护和促进学前儿童健康的系统的教育活动。可以说，在儿童不断成长、逐渐自主自理的过程中，甚至从儿童刚刚降生到这个世界开始，父母就开始了对儿童的健康教育。比如，教育儿童不要将手指插进插座等。家长是学前儿童健康教育中的首席教师，家庭是学前儿童获得健康意识的第一个平台，相比幼儿园的健康教育来说，学前儿童家庭健康教育起步更早、内容更为宽泛。家长在与学前儿童的密切接触中，应随时抓住生活中的点点滴滴对儿童实施健康教育。家庭健康教育主要包括三方面内容，即身体健康教育、心理健康教育、安全卫生教育。

（一）身体健康教育

在促进学前儿童身体健康方面，家庭教育主要包括四个要点：

1. 生活环境教育

家庭环境的好坏，对家庭成员的健康有着重要的影响。如何创造一个美好的家庭环境，是家庭健康教育的重要内容。家庭环境主要指居室内部的环境，有些从建造房屋之始就已经存在，有的可能存在于装修过程中，有的则在于我们日常对家庭环境的管理，还有的属于家长生活方式、家庭成员情感所营造的心理环境。具体内容包括住宅装修中室内装饰材料的选择，尤其是儿童居室的布置，家庭卫生清洁和污染物的处理，以及家庭成员生活习惯，家庭成员情感状况等。

2. 动作练习活动

学前儿童动作功能发展可以分为四个主要时期，即姿势摆位时期（0～2岁）、粗大动作时期（2～4岁）、精细动作时期（4～5岁）和技巧时期（5岁以后）。每一时期的发展都在为下一阶段打基础，只有基础扎实了，才能更好地促进儿童身体素质的提高。因此，家长应针对不同时期儿童动作发展的特点，科学地指导儿童进行动作练习活动，保证活动的适宜时间和强度。在动作练习中，家长不必在技能和技巧方面对其提出过多的要求，达到增强体能及提升身体整体素质的目的即可。

3. 体育兴趣培养

兴趣不是与生俱来的，需要家长细心观察，发现孩子的潜能，并精心指导，逐步将孩子的兴趣培养起来。因此，家长应注意培养儿童对运动的热情以及对某些运动的喜好。

4. 运动习惯养成

家庭要注重和组织身体锻炼活动，每天都应安排短时间的锻炼项目，如散步、跑步、打球、跳绳等，特别是要督促儿童认真参加，以增强体质。在节假日，家庭可以安排几代人共同参与锻炼项目，如爬山、跑步、骑车、旅游等，使家庭成员一方面活动筋骨，另一方面感受大自然，特别是增加儿童美好的心理体验，感受与人交往、与大自然交融的情怀。儿童家庭中的活动应带上游戏的色彩，寓教于游戏之中，让家庭教育充满乐趣，使儿童既能在体育活动中锻炼身体，又能在游戏中愉悦身心。每次游戏结束后，家长还应和儿童一同整理物品，打扫场地，以培养儿童的自立和自理能力，同时培养他们的任务意识和责任感。

（二）心理健康教育

心理健康是学前儿童健康的重要组成部分。现代社会是一个高速发展、变幻莫测的社会，人们需要面对更多的困难，需要经受更大的压力，需要参与更强的竞争，这些都对人的心理承受能力提出了挑战。没有健康的心理，人们就不能在遭受挫折时坚强起来，就不能克服困难去适应变化的环境，就不能重新参与到社会生活中。因此，现代社会尤其要重视心理健康，家庭教育要完成健康教育任务，就要特别关心儿童的心理健康，防止其产生心理问题。父母要在日常生活中贯穿对儿童心理健康的培育，使儿童具有乐观向上的态度、活泼开朗的个性，并善于调节自己，保持良好的情绪状态。

（三）安全卫生教育

1. 安全教育

生存是儿童发展的前提，在对儿童进行健康教育的时候，家长要特别注意儿童的人身安全。

第一，应关注儿童饮食的安全。家长给儿童准备或购买食物时，要注重食品的包装、冷热、软硬等多个因素，确保食物的安全和卫生。

第二，应关注儿童游玩的安全。父母与儿童一同出去游玩时，希望儿童玩得开心，但是外出游玩时，身边环境变化较大，家长一定要注意游玩过程中的交通安全、游览安全等问题。比如，父母在带领儿童到动物园等地游览时，不要让儿童靠近动物等危险物，以免对儿童的身体造成伤害。

第三，应关注儿童看电视的安全。父母不要让儿童看恐怖电视剧、录像带及广告片，以免使儿童啼哭不止，情绪不稳定，睡眠紊乱，产生焦虑感和恐惧症。

第四，在安全教育中，除了家长对于儿童的保护外，最为重要的是教儿童形成自我保护意识，建立安全规则。例如，不要随便和陌生人说话等。

2. 生活和卫生习惯的培养

良好的生活和卫生习惯，既能保证儿童健康、安全地生活，又能使其获得心理上的安全感和归属感。当儿童养成了良好的生活和卫生习惯后，就可以很好地计划自己的生活，掌握自己的学习状况，并形成良好的个性心理品质。一是家庭成员要掌握一定的营养知识，在家庭中养成良好的饮食习惯，要给儿童合理安排饮食，使他们了解各种食物的营养价值及膳食平衡的知识，培养儿童良好的饮食习惯。二是家庭成员生活作息要有规律，劳逸结合，注重个人清洁卫生。

学前儿童生活和卫生习惯的培养必须建立在儿童对卫生习惯的认知上，要经过不断的练习，使之成为无意识的主动行为。但由于学前儿童的自理能力有限，所以家长要做好引导。

第一，家长要注意自身的生活卫生习惯，为儿童树立榜样。

第二，家长在教育儿童养成良好卫生习惯时，不能对其进行过度保护，要注意把教育内容内化为儿童自身的需要和行为。

第三，对学前儿童在生活习惯的养成过程中遇到的困难，家长可以适当帮助其解决，但不能越俎代庖，包办代替。

第四，家长要配合幼儿园帮助儿童建立合理的一日常规，使他们明白良好的生活和卫生习惯会给自己和别人带来好处。

二、学前儿童家庭健康教育的原则

家长在实施学前儿童健康教育时，应充分考虑学前儿童的心理年龄特征，依据发展性原则、主体性原则、巩固性原则、多种方法原则、一致性原则等五个原则进行。

（一）发展性原则

家长在对学前儿童实施健康教育时，应该充分考虑学前儿童的年龄特点。在不同年龄阶段，儿童的理解能力和行为能力不同，家长也要视情况采取不同的方法和要求。此外，儿童发展中会出现某些生理、心理的不良表现，如吃手指、夜惊等。遇到这些问题时，家长常常表现得非常紧张。实际上，家长应坚持以发展性原则来看待这些问题，在儿童所表现出来的不良行为中，有些可能是某一时期、某一阶段的特殊情况，它会随着年龄的增长自然减轻或消失，但有些可能会导致儿童以后的不良发展。比如，1岁以内的儿童吮吸手指就是正常的，这种行为会随着年龄增长而慢慢消失，但如果频率过高或在儿童较大年龄时仍存在，家长就应引起注意。

（二）主体性原则

家长对儿童进行的健康教育要立足于儿童的身心发展，选择有利于儿童多种感官参与的形式和方法，最大限度地发挥儿童的积极性和主动性，引导儿童主动思考和参与实践，帮助儿童把教育的内容内化为自己的态度、行为和习惯。

（三）巩固性原则

良好行为习惯的形成，不良行为习惯的消除，都不是短时间内靠说教就能奏效的，而是需要反复训练和巩固的。家长应对儿童健康习惯的养成有充足的耐心，不要急功近利，不要比较，而要理智地等待。

（四）多种方法原则

健康教育的方法很多，多种方法相互配合才能对儿童行为的塑造或改造起到积极的作用。如在矫正儿童挑食习惯时，家长首先要有好的饮食习惯，通过榜样示范达到教育目的；同时，家长可以通过讲挑食的危害，引导儿童明白其中的道理；儿童懂得的道理还不够，家长应通过鼓励与表扬促进儿童行为的改变。通过综合运用多种方法来达到教育的目的，是符合儿童的认知与行为规律的。

（五）一致性原则

家庭中成人之间的意见一致是教育儿童取得成功的重要因素。家庭成员应在教育儿童的各个环节上达成共识，才能取得较好的效果。同时，儿童健康习惯的培养需要坚持始终一致的要求，才能取得好的效果。此外，健康教育需要家长做到言行一致，对儿童的要求，家长首先应该做到。

三、学前儿童家庭健康教育的方法

（一）父母以身作则，树立榜样

学前儿童的心理特点具有极大的可塑性，父母的言行举止和思想品德对儿童行为的调节起着非常重要的作用。父母自私自利，儿童容易形成利己主义；父母诚实朴素，儿童一般也不会说谎，并且做事踏实。因此，父母不仅要随时审视自己的言行举止，还要不断提高自己的文化和道德修养，优化自己的生活习惯。例如，教育儿童早睡早起，家长就不要睡懒觉。

（二）营造和谐的家庭氛围

良好的家庭氛围，可使儿童活泼、开朗、大方、好学、诚实、谦逊；相反，如果儿童和家庭成员的关系不好，父母经常吵闹，家庭气氛冷漠，成员之间关系不和睦，就会给儿童造成一种心理压力，使其长期处于不愉快的情绪之中，或者惊恐焦虑，失去安全感。不良的家庭氛围，还会使儿童形成胆怯、自私、嫉妒、孤独、懒惰、行为放任、不讲礼貌等不良个性特征。可见，家庭的环境与气氛，家庭成员的喜怒哀乐，家庭成员的关系，都直接影响儿童的身心健康。家长要为儿童创设一个宽松、和谐、团结、积极向上、安静、干净、整洁、有序的家庭环境，在这样的环境下，儿童的情绪才会稳定、积极，才会有安全感和责任感，他们的性格才会活泼开朗。

（三）保证足够的、合理的营养

营养是健康的物质基础。儿童处于身体发育的关键时期，并且活泼好动，所以保证足够、合理的营养，是保障他们成长发育和身体健康的关键。

很多家长在儿童营养方面认识模糊。有些家长认为只要吃饱就行，他们不了解儿童在生长发育过程中有着与成人不同的需要；有些家长则为儿童购买高档营养食品，造成不少"肥胖儿"；有些家长不注意及时为儿童添加辅食、维生素 D 和铁剂，则容易使儿童患上佝偻病和缺铁性贫血。

许多家长抱怨儿童膳食习惯不好，其实膳食习惯往往是在不知不觉中形成的。要保证儿童足够的、合理的营养，应注意以下几个方面：

第一，争取更多的母乳喂养。

第二，适时补充维生素及各种辅食，保证儿童骨骼、肌肉及各器官组织的正常发育。

第三，注意食物的烹调和卫生，做到干净、无污染，尽可能做到色香味俱佳，以适合儿童各年龄段的消化能力。

第四，培养儿童良好的饮食习惯，改正挑食、偏食和贪吃零食的习惯。

第五，培养儿童进食兴趣。可以通过变换食物的样式、种类和创造愉快的进食气氛来激发儿童的进食兴趣。需要注意的是，家长应避免强迫儿童进食的行为，强迫只能使儿童产生逆反心理而更加厌食。

（四）加强锻炼

人们常把肥胖度作为儿童是否健康的标志，其实，这是一种误解。也有人认为只要儿童吃得香、睡得好就是健康，这也是片面的。我们提倡儿童从小就要锻炼身体，参与各种运动和游戏，在运动中促进骨骼肌肉的发育，加强内脏器官的代谢，提升生理活动能力。运动还能促进食欲，开发智力，培养集体主义和勇敢精神。加强锻炼能使儿童更好地适应外界环境的变化，增强抵御疾病的能力。经常通风，保持室内空气新鲜；逐步降低日常用水的温度，增强儿童的适应能力；做操、定时晒太阳、参加游戏及球类活动等，这些都有益于儿童的身心健康。

加强体格锻炼，家长应了解儿童的身体发育和动作发展的特点，掌握相应的教育方法和技巧，针对儿童的身体发育状况和动作发展情况，开展有针对性的训练。家长要参与到活动中去，成为儿童活动的玩伴，要根据儿童的实际情况不断创新活动的内容和形式，并及时地对其进行引导，以激发儿童对游戏的热情，培养儿童的运动兴趣和良好习惯。

同时，家长应充分利用多种资源，开展体育活动。《幼儿园教育指导纲要》强调：幼儿园体育活动应以培养儿童体育活动兴趣、发展基本动作、提高儿童动作的协调性和灵活性为主。家长带儿童开展体育活动时，由于受到器材、场地、活动内容等方面的限制，有时会在培养儿童运动兴趣与能力时感到束手无策，无从做起。实际上，家长可以充分利用自然条件和小区的体育设施带儿童进行运动。家长还可以带儿童做小游戏，多运用轻巧、实用的小器材，如沙包、布袋、跳跳球、雪碧瓶、各种纸盒等，还可以利用自己身体的不同造型，如变换高、矮、大、小，引导儿童锻炼身体。

四、学前儿童家庭健康教育活动与资源

（一）学前儿童家庭健康教育小游戏：顺绳子爬行

适用年龄：0.5 ~ 1 岁

游戏方法：第一步，把一根绳子放在地上，爸爸和妈妈分别在绳子的两头，然后把绳子拉直；第二步，把孩子放在爸爸所在的一头，另一头的妈妈鼓励孩子爬向自己；第三步，当孩子爬到另一头时，爸爸鼓励孩子再爬向爸爸，如此反复进行。

游戏提示：爸爸妈妈可为孩子的良好表现加油、鼓劲，或者给予孩子小小的物质鼓励。

（二）学前儿童家庭健康教育小游戏：孩子大探险

适用年龄：1.5 ~ 2 岁

游戏方法：第一步，妈妈（或爸爸）仰卧在床上或有垫子的地板上，孩子用跪着、趴着或坐着的姿势在仰卧着的妈妈（或爸爸）的一侧，爸爸（或妈妈）在另一侧；第二步，仰卧的一方用愉快的语调对孩子说："孩子，快到妈妈（或爸爸）这里来，这里有漂亮的娃娃哦！"另一方可以协助妈妈（或爸爸）为孩子助威，鼓励孩子爬过妈妈（或爸爸）的身体；第三步，当孩子终于爬过妈妈（或爸爸）的身体时，爸爸妈妈要大胆地鼓励夸奖："孩子，你真棒！你真勇敢！"第四步，爸爸双脚伸直俯卧在床或地板中间，孩子站在爸爸的脚这头，在妈妈的保护下，爸爸妈妈鼓励孩子踩到爸爸的背脊上走过去。

（三）学前儿童家庭健康教育小游戏：户外捏泥巴

适用年龄：3～4岁

游戏提示：家长可以鼓励孩子用自己的小手，把泥巴捏出不同的造型，感受泥巴在手指间流动的感觉。总之，家长应尽量创造机会，多陪孩子亲近大自然。

五、幼儿（0～6岁）运动智能的培养

0～6岁是孩子运动智能培养的关键期。因为这个年龄段是最有利于孩子运动智能培养的时期，也是培养孩子运动智能效果非常关键的时期。所以，家长们一定要抓住这个关键的时期，利用一切条件来培养孩子的运动智能。

（一）1岁以前

这个时期的孩子，面对这个世界，看起来可能有些软弱无力，家长们可以帮助孩子做下列体能训练：

第一，抬头训练。家长可在比孩子稍高的方向呼唤孩子，引导孩子抬起头；家长与孩子玩捉迷藏的小游戏，孩子的目光会追随着家长不停地上下左右移动，从而使孩子做抬头动作训练。抬头动作训练能增强孩子颈肌的力量及颈部肌肉的灵活度和韧性。

第二，翻身训练。3个月以内的婴儿主要是仰卧，但其身体肌肉有一定的运动能力，所以可训练孩子的翻身动作。翻身训练一方面可以增强孩子的身体力量，也可以锻炼孩子腿部肌肉的力量；另一方面可拓宽孩子的视野，使其看到更加丰富多彩的事物。

第三，坐姿训练。在孩子进行坐姿训练时，家长可以在他们的前面摆放一些有趣的玩具，逗引他们去抓握。因为前倾的力量可以慢慢锻炼孩子坐的能力。最佳的坐姿是双腿交叉，向前盘坐。

第四，爬行训练。父母在指导进入爬行阶段的孩子时，应从各方面引导孩子爬行。把孩子放在床上或地板上，在他的前方放上有趣的或者色彩艳丽的玩具。父母可以在前面加油鼓劲，引导他向前爬行。

第五，站立训练。站立是行走的基础。在孩子会坐、会爬之后，他们便开始学习站立。这时，父母扶着孩子腋下，很多孩子都有一种近似本能的弹跳运动，这种运动增强了腿部肌肉力量，为以后独立站立及行走打下了基础。

（二）1～3岁

这个时期的孩子一般达到了爬行、站立等水平，从而进一步学会各种动作。他们能够在自己的探索下渐渐地灵活运用物体。这时，家长不妨从以下两个方面来训练孩子的运动智能：

第一，善于抓住日常生活中的点点滴滴教育孩子。在早期运动智能的培养日益得

到妈妈们重视的今天，家长要善于在日常生活中提升孩子的运动智能。在孩子的日常生活中，孩子起床穿衣、穿鞋、戴帽子时，妈妈不妨放手让孩子自己尝试一下，这时的孩子也往往固执得可爱，有些事情非要自己做不可。所以，妈妈应该给孩子实践的机会，要有耐心，不可中途打断孩子去包办代替，这样会不利于孩子自主性运动智能的培养。

第二，组织小游戏。有趣、简单的小游戏既可以锻炼孩子的运动智能，也能够让孩子玩得开心快乐，一举两得。

(三)3～4岁

这个时期的孩子身体比较柔软，容易学习许多动作，而且这个时期正是孩子喜欢模仿的年龄，能够不厌其烦地重复同一动作，他们不怕失败，也不怕被别人笑话。所以这时，只要对孩子进行积极的指导、训练和适时的鼓励，孩子就能够学会许多必要的动作技能。家长可以通过下面的活动和准备，提高孩子身体运动智能的发展水平。

第一，通过游戏培养孩子的运动智能。这个时期的孩子对模仿小兔跳、蝴蝶飞舞等很感兴趣。家长在创设的游戏中，鼓励孩子把自己当成小兔、蝴蝶等，他们的动作往往活泼可爱，在不知不觉中，孩子的运动智能就提高了。孩子和家长可以进行小比赛，如爸爸和孩子举行金鸡独立比赛，看谁可以做一只独立金鸡，以此培养孩子的运动平衡及协调能力。

第二，大自然是培养运动智能的天然乐园。孩子在大自然中往往兴奋不已。在大自然中，他们通过看看、摸摸、听听等途径，扩大了活动范围，开阔了眼界，丰富了知识和经验，促进了感觉器官的发育和大脑思维能力的增强。所以，家长在空闲时，不妨带孩子去室外或公园走走，让孩子多和大自然亲近。

第三，充分利用各种设备。实际上，生活到处都有能促进孩子运动智能发展的物体。例如，利用家中的小花盆，让孩子自己种植属于自己的植物，为它浇水、松土等；利用家中的废纸，鼓励孩子用它们折出或剪出不同的造型，如小动物、小花等。

第四，鼓励孩子参加各种表演等活动。在进行幼儿集体活动时，家长应积极鼓励孩子参与其中。对于胆小的孩子，可以先让他在家里表演，"观众"可以用布娃娃代替，让孩子来假想他们就是真正的观众，自己在舞台上表演。表演完毕，父母代表"观众"给孩子鼓掌，孩子可以与这些观众握手等，以此来慢慢锻炼孩子的胆量，使他们能够更好地参与到各种表演等活动中。

(四)4～6岁

这个时期，幼儿身体的各个系统、各个动作的功能已基本完善。所以，这个时期是幼儿开始系统整合、动作协调一致的发展过程。

六、把追着喂饭变为主动吃饭

（一）父母要了解这个年龄段孩子的特点

2岁以下的孩子，模仿能力强，对于父母的一举一动都想模仿，而且好奇心强，对色彩鲜艳、外形多变的食物感兴趣，对食物的味道特别敏感，比较喜欢食物的原始味道，还喜欢用手拿取食物，这是他们最便捷的"餐具"，使用起来相当便利。

（二）抓住时机教孩子自己吃饭

孩子从10个月到1岁时，就能练习自己吃饭了。在确保孩子安全的前提下，可让孩子先尝试用手抓取食物，再过一段时间，父母只要为孩子提供安全的儿童餐具和可口的食物，给孩子围好围裙就行了。这样，孩子在一岁半左右时，就能较为自如地拿着餐具独立吃饭了，孩子再大一些，就能和父母一起进餐了。这时，可以让孩子使用安全的常规餐具吃饭，还要给孩子提供足够的时间来锻炼这种能力。千万不要因嫌他把饭菜弄得到处都是，或嫌他自己吃得慢就喂他。对于孩子的每一点进步，父母都要及时鼓励。

（三）每餐吃多少由孩子自己决定

孩子从出生开始，就能很好地控制自己的食量。所以，父母在孩子进餐时，不要强迫孩子进餐。只要他能和成人一起按时吃饭，吃多少由孩子自己决定。但是，不能养成孩子挑食的毛病，父母要对孩子吃的食物进行监督。

（四）固定进餐的地点

吃饭时，父母可以把孩子的餐椅搬到餐桌旁边，让孩子与家人坐在一起用餐。这样，家人在就餐时吃得津津有味的样子，轻松的谈话内容，都会让孩子积极去模仿。在这个过程中，孩子自己也会吃得很香，心情也会很愉快。尽量不要给孩子单独安排吃饭的地方，这样不利于孩子养成良好的进餐习惯。

（五）进餐环境要温馨、简洁

在温馨简洁的就餐环境中，孩子和家人都可以专心就餐，不会被其他事物吸引。让孩子的心态平静下来，才能有好的进餐效果。若餐桌附近有电视、电脑等，在就餐时要关掉，以免在吃饭时分散孩子的注意力，使孩子不能专心用餐。

（六）安排规律的就餐时间

一日三餐都要有固定的时间，不要随意安排。这样，孩子养成规律的吃饭时间，到点就会有饥饿感，有助于孩子主动吃饭。如果需要为孩子安排加餐，加餐的时间也要定时定点。如果到了吃饭时间，孩子不愿意吃，就让他离开饭桌，千万不要追着喂，也不要给其他零食补充，一定要等他饿了再吃。父母一定要坚持按时就餐，这样才会使孩子养成按时进餐的好习惯。

第二节　学前儿童家庭情感教育

学前儿童的情绪情感容易受环境变化的影响，他们不善于用语言来表达自己的情感，往往是用行为来表达高兴、悲伤、生气、害怕等情绪情感，他们尚缺乏自我表达和调节、控制情绪情感的能力，其在焦虑、忧愁、悲伤、惊恐、愤怒和痛苦时，会发生一系列生理和心理上的变化。因此，家长要重视对学前儿童情感的引导，情感教育应成为学前儿童家庭教育的重要内容。

一、学前儿童家庭情感教育的要点

人类情感丰富多变，学前儿童家庭情感教育的内涵也十分丰富。

（一）培养学前儿童的信赖感

所谓信赖感，即儿童有与家长、邻居、亲戚、伙伴保持亲密关系的愿望，感受到周围的人都爱自己，自己也能关心、爱护周围的人，有事乐意与他们商量，有困难愿意寻求他们的帮助，体验到生活在这样的家庭氛围中的快乐。信赖感的培养能使儿童感到安全和放松，只有在这个基础上，儿童才能踏实地从事其他活动，体验其他的正向情感。

（二）培养学前儿童的自信

培养自信，即引导学前儿童尊重自己，悦纳自己，感受到自己的重要性，知道自己的长处和不足，并能正确地对待自己，相信自己能完成一定的任务，体验到通过克服困难而取得成功的喜悦。家长应给儿童更多表达自己的机会，这有助于儿童形成独立的世界观。长期接受家长的想法而没有机会表达自己想法的儿童，欠缺个人的思考，他们自己解决问题的能力较差。因此，只有让儿童学会独立解决问题，或者参与解决问题的过程，才能建立起他们的自信。

（三）培养学前儿童的合群感

一名合群的儿童能主动与家长、邻居、亲戚及小伙伴交往，对人亲切有礼貌，能与小伙伴友好相处，能宽容别人的无意过失，从中体验到相互合作、相互谅解的愉快。合群的儿童在社会生活中更能感受到幸福感，在人际交往方面能打下更好的基础，因此，合群感对于儿童的发展十分重要。

（四）培养学前儿童的求知欲

求知欲是指儿童对周围事物好奇、好问并乐意动手去操作、探索，会带着问题去探明原因，寻找答案，从中获得快乐的体验。终身教育与终身学习在当今社会越来越受到重视，"乐学、会学"应该成为每个人应有的品质。因此，培养儿童的求知欲，对儿童未来的发展十分有利。

（五）培养学前儿童的美感

美的情感教育以认知为基础，通过想象自由扩展和抒发，与对美的理解深度密切相关。家庭以美感为内容的情感教育与理智感、道德感的发展相联系。美感包括思想美、品德美、情操美、性格美、习惯美、语言美、行为美、风度美、仪表美等多方面的内容。家庭情感教育在促进上述各方面的美感教育中，应着重培养儿童感受美的能力、创造美的能力、表达美的能力及丰富的审美情趣等。学前儿童美感教育以引导儿童到大自然、艺术世界中，培养他们对美的兴趣和爱好为重点，使之注意欣赏周围生活中的美好事物和现象，喜欢日常生活中美的东西，能发现周围美好的事物，能用唱、跳、画、讲等方式表达对美的愉悦感受。

（六）培养学前儿童的共情感

共情，也就是替他人着想，体会到与他人类似的情感，即富有同情心，对别人的病痛伤残或其他不幸能表现出安慰和帮助的行为。大部分情况下，儿童的共情是作为积极情感来培养和支持的，会共情的儿童通常比较受同伴的欢迎。儿童对他人的情感体验、内心情感的洞察以及角色的承担能力，直接影响其共情的发生和发展。

（七）培养学前儿童的责任感

当今社会，儿童长期生活在家人的呵护和无微不至的照料中，很少意识到自己对他人、家庭和社会的责任。责任感也是儿童顺利开展学习活动、参加实践活动以及家庭生活所必需的，它对儿童以后的成长起着至关重要的作用。学前阶段是情感教育的黄金期，帮助儿童学会对自己的情绪情感负责，也是儿童责任教育的重要内容。

二、学前儿童家庭情感教育的原则

（一）以创设良好的环境为基础，重视亲情教育

家庭，是以骨肉亲情为纽带的特殊社会结构。父母与子女之间有着特殊的情感关系，家庭是儿童的第一所学校，也是人生情感建立的启蒙学校，是人类情感最美好、最丰富的资源所在地。儿童情感起源于父母的抚爱和家庭温馨氛围的熏陶，良好的家庭情感氛围是儿童健康成长的重要条件。第一，家长要注重自身情感水平的提高，家长应当加强自身修养，培养自己坚强开朗、自信自尊、积极进取、宽容大度等良好的

情感品质，与儿童一起成长，为儿童提供学习的榜样。尤其重要的是，家长情绪的自我调控能力要增强，以良好的心态、积极健康的情绪去感染儿童，努力营造宽松愉悦的家庭氛围，使儿童的情商得到健康发展。第二，家长应尽量多陪伴儿童，多与子女沟通、交流，充分满足他们对父母的感情需求。第三，家长应给儿童营造一个稳定的家庭环境，让儿童得到充分的安全感。第四，家长要时刻关注儿童的性格变化，在发现问题时要及时妥善处理，增强他们对挫折和困难的承受能力。

（二）综合运用家庭情感教育方法

家庭情感教育的方法是以亲子关系为背景的个别教育方法，以培养儿童健康情感为主要目标。家庭教育方法很多，常见的较为有效的情感教育方法有五种：

情境体验法——利用周围情境，引导儿童观察、想象、体验、感受，以加深儿童的情感体验。

情绪感染法——利用正面、积极的环境气氛或夸张自己的情绪反应来引发儿童相应的情绪。

鼓励评价法——对儿童行为做肯定或否定评价时，都以有利于发展儿童积极向上的进取心为指导，引导儿童从积极的方面去认识成败的原因，激励儿童正面的情绪反应。

替代想象——启发儿童想象自己处于他人境遇时的感受，从而促使儿童产生共情。

自我调控法——引导儿童在自己的需要不能得到满足时，学会采取自我告诫、适当宣泄，或者有意转移的方法来控制自己的情绪和情感。

在情感教育中，家长应根据不同需要选取适宜的情感教育方法，综合运用。

（三）整合训练，多方面进行情感教育

1. 情绪管理训练

首先，要进行识别自身情绪能力的训练，使儿童在不良情绪产生时能进行迅速和有效的识别。家长要鼓励儿童表达自己的情绪，在日常生活中有意识地引导儿童去感受各种情绪，引导儿童用语言、文字或其他创造性的方式来表达自己的情绪体验。

其次，要进行管理自我情绪的能力训练，主要是教会儿童一些具体可行的情绪调节方法，让他们可以有效地调控自己的情绪，采用多种方式避免恶劣情绪的爆发。

最后，要进行识别他人情绪的能力训练，让儿童学会感受他人的感受，了解特定的情绪状态，做到更好地理解和体察他人。

2. 合作能力训练

首先，强化儿童在同伴中的分享行为，鼓励儿童把自己心爱的玩具、食物分享给家人或其他小朋友。

其次，给儿童创造合作的机会，鼓励儿童主动带小朋友回家玩，或是多带儿童到

其他小朋友家玩，鼓励儿童多参加团体活动。

最后，给儿童提供解决小朋友之间纷争的机会。在与同伴合作时，应教会儿童遵守合作的规则，学会彼此间的平等合作，引导儿童从自己的角度出发去做出公平的判断，家长最好不要用成人的标准来判断儿童间的纠纷，多引导儿童进行自我判断和自我批评，有利于他们的成长。

3. 自信心训练

其一，家长要教儿童表达想法，做自己的主人。家长要多给儿童率直坦言，勇于表达自己的机会，给儿童畅所欲言的勇气，并能耐心回答儿童的所有问题。同时，允许儿童之间有争吵，因为这是他们积极表达自我的重要方式。

其二，家长要培养儿童的独立性，让儿童能通过自己的思考和判断去行动，会自己处理自己的事情，自己安排自己的学习生活方式等。此外，让儿童无拘无束地玩耍，给儿童安排力所能及的任务，给儿童创造冒险的机会，让儿童学会决定自己的事情，这些都可以培养儿童的自信。

4. 人际交往训练

首先，家长要身体力行，做儿童人际交往的表率，并在日常学习生活中，利用各种机会自然而随机地训练儿童的人际交往能力。在良好的亲子交往的基础上，形成良好的人际交往。

其次，家长要给儿童创设开放交流的家庭环境，鼓励儿童结交朋友，支持并帮助儿童在与同伴主动的交往和冲突中，学习人际交往的技能，建立平等、互助、友爱的人际关系，建立其对身边的人的亲近感、信任感，以及对周围环境和事物的掌控感。

最后，家长要教会儿童交往的技巧，如找出与对方的共同点，体现出自己对对方的关心，主动与人打招呼，以幽默化解矛盾等。

（四）因材施教，在尊重的基础上进行情感教育

因材施教是家庭情感教育的关键。家庭情感教育要依据儿童个性的差异性与独特性，从其存在的问题出发，确定更为适宜的家庭情感教育方案。在家庭情感教育中，没有最好的教育方法，只有最合适的教育方法。例如，对于性格内向的儿童，家庭情感教育就要多鼓励和支持，加强关爱和沟通，帮助儿童重建积极的生活态度，发现并发挥儿童的优势；对于有攻击行为的儿童，家庭情感教育就要多赏识和多监督，辅以必要的惩罚措施，通过关爱纠正儿童错误的价值观，减少其攻击行为；对于退缩型的儿童，家庭情感教育就要教儿童学会保护自己，学会表达自己等。

三、家长对学前儿童负向情感的应对策略

情感是个体对所接触的世界和人的态度以及相应的行为反应，是个体身体体验的

重要组成部分。学前儿童所有或正或负的情感的表达，都蕴藏着转化的可能性。家长应正视儿童情感表达的所有面貌，正确应对儿童的负向情感表达，这也是学前儿童家庭情感教育的重要任务。

（一）传统的应对策略

在以往的研究或教育实践中，成人对待儿童的负向情感时，通常采用转移注意力、劝诫、询问与反问、冷静法这几种策略。

1. 转移注意力

所谓转移注意力，是指家长将儿童的注意力转向他处，让儿童暂时忘却负向情感事件。转移注意力并不能使儿童的负向情感得到排解，而往往是暂时压抑了情感，这种负向情感的积累不利于儿童的健康发展。

2. 劝诫

劝诫也是家庭中常见的面对儿童负向情感的方法。劝诫中往往含有成人的价值判断，或者成人对儿童的"威胁"。例如，家长劝说儿童"不要哭啦！哭不是解决问题的好办法""再哭妈妈就不喜欢你啦"。劝诫实际是在命令或强制儿童立即终止负向情感的表达，这同样是对儿童情感的压制。同时，家长向儿童传递了这样的信息：负向情感是不好的、没有意义的，儿童要学会压抑负向情感。

3. 询问与反问

所谓询问与反问，是指当儿童伤心、愤怒时，家长习惯于向儿童问清原委，再做处理，或者直接以反问的方式斥责儿童。但这种提问并不十分有效，处于负向情感中的儿童对他人的提问置之不理，或者回答问题时更加深刻地体验到负向情感，这两种现象在儿童当中时常出现。而反问儿童是一种更为强烈的斥责，在斥责之下，儿童的情感同样是受到压抑的。

4. 冷静法

冷静法也是家长控制儿童负向情感的重要方法，即主张将儿童与他人隔绝，等待儿童冷静后再解决问题。

以上四种方法有一定的效用，家长可以适当采用，但以上方法有时容易传达给儿童这样的信息，即负向情感是不好的、无意义的，人要羞于表达负向情感。喜、怒、哀、乐是每个人都会经历的情感体验，这些情感体验十分重要，都可以通过正确的方式得到表达。尊重儿童情感，意味着尊重儿童所有的情感体验，而不是压抑、控制其情感。因此，家长在运用以上方法时，需要注意防止对儿童情感的压抑。

（二）转换传统的应对策略

家长在应对儿童的负向情感时，还可将原有的传统方法加以转换，采取以下策略：

1. 倾听学前儿童，了解学前儿童的情感

"倾听"有助于家长对学前儿童行为过程进行全方位的了解，对学前儿童与家长都具有重要的意义。首先，倾听可以使儿童体验到家长的关注与理解。其次，倾听是家长了解儿童的重要途径。通过倾听，家长才能把握介入的时机与方式。可以说，倾听是解决问题的第一步，它不仅为解决问题提供了条件，同时也是解决问题的关键环节。家长倾听儿童是一种全方位的倾听，耳朵要听儿童的语言交流，眼睛要观察儿童的行为与表情，还要思考儿童语言及行为背后的寓意以及联系，从而了解儿童的情感状态及其原因。

2. 认同学前儿童情感的合理性

表达负向情感容易将他人带入负向情感中，由于学前儿童与家长的特殊关系，这一点在儿童与家长之间更加明显。当儿童伤心、哭闹时，家长可能为儿童担心、焦虑，或因儿童哭闹带来的麻烦而感到烦躁，甚至气愤。当儿童为一些"小事"情绪激动、不依不饶时，许多家长的第一反应可能是埋怨儿童所带来的"麻烦"。儿童通过多种渠道接受成人的信息，他们对成人的表情、感受十分敏感，儿童通过家长的情绪可以认识到，伤心、愤怒是不好的。家长面对儿童负向情感时所产生的烦躁或紧张，还会使儿童发现家长的言行不一。因为，面对儿童的哭泣，家长要忍住烦躁或焦虑，抚慰儿童，解决冲突，而家长烦躁的表情与抚慰的言语同时出现，会给儿童带来混乱。家长尊重儿童的情感，首先要尊重自己的情绪，使自己的情绪得到宣泄，这不代表家长将愤怒与烦躁发泄到儿童身上，而是要认同儿童负向情感的合理性，认识到表达负向情感是每个人成长的重要需求。只有这样，家长才能减少儿童负向情感表达带来的情绪干扰，科学面对儿童的负向情感。

3. 理解学前儿童，表述学前儿童的情感

个体具有通过询问他人来验证自己推断的倾向，学前儿童和家长也不例外。面对哭闹、生气的儿童，家长习惯于询问"你怎么啦？""你没事吧？""哭什么呀？"但提问对于了解儿童的负向情感并不适宜，将提问转换为表述，其效果会显著改变。表述儿童的情感是一种简单有效的策略，它是以倾听为基础的，这要求家长具有判断力与一定的观察能力。表述对于调节儿童的负向情感很重要，表述可以使家长与儿童成为一个团体，可以表明儿童在父母这里能够得到理解与尊重，这在一定程度上缓解了儿童的负向情感。同时，使儿童感受到负向情感是正常的，不需要隐藏与克制。描述儿童的情感状态，还可以强化他们的自我意识，让他们更加坚信自己是有力量的、有价值的人。

4. 引导学前儿童通过更加有效的方式抒发情感

负向情感是一种情感状态，负向情感的表达则是一种外显行为。负向情感的表达

行为更容易引起关注，但负向情感状态的缓解却是儿童健康发展的关键。家长要引导儿童正确表达负向情感，即引导儿童通过不影响他人、不伤害自己、可接受的方式来表达负向情感。当儿童能面对现实后，应及时给予一定的引导，通过激励使其产生迎难而上的勇气。

四、学前儿童家庭情感教育活动与资源

（一）学前儿童家庭情感教育小游戏：我的心情

适用年龄：4岁以上

游戏材料：图画纸、画笔

游戏方法：第一，在墙上贴一张心情表，表上为每个家庭成员留出一行空间。如果谁今天很高兴，就可以画一个笑脸，如果谁有不开心的事情就画一个哭脸，这样就可以直观地看出今天家里人都是什么心情了；第二，每天父母可以利用和孩子在一起的时间，聊一聊孩子为什么高兴或为什么不开心；第三，还可以每周做一次统计，看看谁的笑脸最多，并和孩子一起讨论，为什么有的人笑脸多，怎么能让自己更开心一些等，引导孩子正确对待自己遇到的不开心的事情；第四，每天设一个固定的分享时间，在这个时间里，每个人都要说一说今天自己最快乐的事情是什么；第五，可以引导孩子学着用绘画或是其他方法，把自己的心情表达出来并记录下来。

（二）学前儿童家庭情感教育小游戏：小记者

适用年龄：2.5岁以上

游戏材料：照相机

游戏方法：妈妈在出门前给孩子一个照相机，让孩子负责今天外出的照片拍摄；在路上，妈妈可以多鼓励孩子拍下他自己喜欢的或是有特色的景色；回家后，妈妈把照片拿出来，和孩子一起报告一天的情况，妈妈帮助孩子用文字进行记录。

小贴士：可以帮孩子把他的作品结集成册，作为纪念，这同时能激发他继续探索自然的兴趣。

第三节　学前儿童家庭规则教育

学前期是儿童规则意识萌发和规则行为初步形成的重要时期。在日常生活中，家长应采取一些行之有效的途径和方法，积极引导学前儿童提升自己的规则意识，养成一定的规则行为，从而为他们在社会集体中能够真正地自主活动提供保障。

一、学前儿童规则意识的发展

儿童的规则意识是指儿童对环境中必须存在规则的原因、规则的内容、规则的作用以及规则如何执行等方面的认识与理解，并在此基础上逐渐形成遵守规则的愿望和习惯。规则意识有三个层次：第一个层次是指关于规则的知识；第二个层次是有遵守规则的愿望和习惯；第三个层次是遵守规则成为人的内在需要，即已经成为一个人的内在素质。儿童规则意识的发展会经历不同的阶段，在不同的发展阶段，儿童规则意识的层次各不相同。

（一）运动性质规则阶段

运动性质规则阶段发生在儿童2岁以前。在这个阶段，儿童是按照他的欲念和运动习惯进行活动的，并逐渐形成了一种仪式化的图式。在这一阶段，儿童尚不具有道德思维能力，还没有"应该"等道德概念，这就是无律的阶段。

（二）道德实在论阶段

道德实在论是皮亚杰使用的术语，指具体运算思维发展阶段儿童表面化、形式化地看待道德现象的认知方式。其含义是责任和价值取决于规则或成人命令本身，而与儿童的意向及儿童与同伴、成人的关系无关。这一阶段大约是2~5岁。这一阶段以儿童从外界接受规则典范为标志。对于这一阶段的儿童来讲，规则是成人或年长儿童强加给年幼儿童的。因此，儿童不仅把这些规则看成是约束性的，而且认为规则是既定不变的、神圣而不可触犯的、永存的，从而坚决服从这些规则。这种不可变动性便保证了规则的真实性。这样，规则便等同于所谓的责任。皮亚杰等认为，儿童责任感最早期的形式实质上是他律，这是年长儿童施加约束以及成人本身对儿童压迫的结果。但是，更重要的原因还在于儿童意识发展的局限。这一阶段的儿童虽然具有了模仿能力，但尚不能深入理解人与人的关系，不能顾及规则的统一。因此，这种对于规则的顺从，乃是个人外表的顺从。从表面上看，儿童的顺从似乎完全符合道德的要求或伦理的精神。实际上，儿童只不过是在进行一种社会性的模仿，谈不上有什么深刻的道德意义。

由此，在道德实在论阶段，儿童的道德意识具有以下两个主要特征：一是，从道德实在论来看，任何服从于规则或要求的行为都是好的，任何不符合规则的行动都是坏的。所以，规则绝不是由内心精心制作、判断或解释的某种东西。它本身是给定的、现成的和外在于心灵的，它也被想象为由成人所揭示和强加的。所以，"好"就被严格地定义为服从。二是，道德实在论导致客观的责任感。客观责任感是指儿童的道德评价不是根据行为的动机，而是根据行为是否严格符合现有的规则。客观的责任感是道德实在论的一个标准。在这一阶段，规则构成了一种强制的和不可触动的实在阶段。

以"不准撒谎"为例，在这一阶段，儿童刻板地遵循着"不准撒谎"的规则，不是因为撒谎要受到惩罚，而是因为"不准撒谎"是"老师说的"或"就是不准撒谎"。此时，儿童还不能正确理解"诚实"的价值，因此，规则还是一种外在于儿童自己意识的强制形式。

规则是自主地和逐渐地发展起来的。首先，谎话是错误的，因为它是惩罚的对象，如果没有惩罚，它就是允许的；其次，谎话成了本身是错误的某些东西，即使没有惩罚，它也还是错误的；最后，谎话是错误的，因为它与互相信任和爱护相冲突。这样，说谎的意识便逐渐地内化，而且我们可以得出结论，它是在协作的影响下才逐渐地内化的。

二、学前儿童家庭规则教育的要点

（一）学前儿童家庭规则教育的主要内容

第一类，个人生活的规则，以保障儿童规律和健康的生活，包括讲卫生、生活自理和分担家务、按时作息和健康生活三项内容。

第二类，人际关系的规则，以保障儿童具有良好的社会环境，包括尊敬父母和长辈、和同伴友爱相处、讲究文明礼貌三项内容。

第三类，与社会、自然关系的规则，以保障儿童和谐地融入社会生活，主要包括遵守公共秩序、保护自然环境两项内容。

第四类，参与社会竞争的规则，以保障儿童做好参与社会竞争的准备，主要包括诚实守信、勇于负责等内容。

（二）学前儿童家庭规则教育的基本原则

儿童的规则意识，大多是通过自己不断地实践和尝试来获得的。学前儿童家庭规则教育应遵循以下三个主要的基本原则：

1. 对学前儿童提出的规则应适量，不宜过多

儿童的理解能力较差，自我控制能力也不强，树立过多过难的规则，他们可能记不住，也可能做不到，这会导致教育的混乱和冲突的发生。因此，家长不宜集中教授儿童过多的规则，尽量不要过多地限制儿童探索的行为和乐趣。这样，儿童才能有相对充分的自由，才愿意遵守规则。家长不能集中提出大量规则，这就要求家长做好规则教育的相关准备，儿童遇到什么问题，就向儿童介绍什么规则，再让儿童逐步掌握这些规则。

2. 依据学前儿童能力特点，提出适宜规则

如果建立起太多的规则，就不利于儿童对规则的理解和遵守。家长可以有针对性

地建立少数规则，当儿童理解并能很好地遵守之后，可以建立更多的规则让儿童去适应，只有循序渐进，才能有所收获。此外，正如世间万事都有自身的发展规律一样，为儿童制订的规则，也要符合儿童的身心发展规律。不同年龄段的儿童有不同的特质，家长在设置规则时要加以考虑。

3. 提出坚定的规则，做到始终如一

规则教育说起来简单，做起来却有难度。尤其是一些年轻的父母，对儿童比较溺爱，当儿童违反规则的时候，他们总在这样为儿童开脱："现在对儿童松一点没有关系，以后严一点就可以了。"但是他们不知道，现在松了，以后有很多事情根本无法严格起来。因此，在规则教育中，父母要始终如一，在儿童面前，规则一经建立，就要执行到底，说到做到，即"言必信，行必果"。如果儿童触犯了规则，父母不能因为心疼儿童或嫌麻烦，就为自己和儿童开脱，让这件事不了了之。规则一旦制定明确，家长和儿童就一定要按事先说好的办法执行。只有这样才能让儿童真正明白，任何人都要遵守规则并要为触犯规则负责，这样儿童才会更认真严谨地对待和遵守规则。

三、学前儿童家庭规则教育的方法

（一）发挥家长的榜样作用，促进学前儿童遵守规则

人类的许多行为都是通过对榜样的观察和学习获得的。榜样具有强大的说服力和感染力，榜样示范比语言讨论更能使儿童信服，从而产生直接、具体的影响。在家庭中，家长是儿童的主要观察和学习的对象，家长的一言一行、一举一动，都是儿童模仿的内容。因此，家长应自觉严格规范自己的言行。家长要注意通过言传身教，把社会的道德准则，做人、做事的道理及良好的品德在不知不觉中传给儿童。儿童长期生活在父母的身边，父母的言行举止随时都可能会引起儿童的注意，经过反复强化，自然而然地就被儿童模仿和学习了。

（二）家长对学前儿童要加强引导

家长要对儿童加强引导，让儿童从内心深处明白规则的重要性。家长应首先使儿童知道任何集体活动都是有规则的，其次让儿童了解参加活动的人都必须遵守规则，活动才能顺利进行，还可以让儿童设想违反规则的后果，引起他们对规则的重视。在此，家长需要注意的是，规则意识的养成不是一朝一夕的事情，如何在生活情境中帮助儿童逐渐形成明确、统一、灵活又可持续发展的规则意识，使儿童的个性与社会能够有效且自然地融合，从而使儿童在社会中获得幸福的感受，这是一个持久的教育工程，需要父母持之以恒，并且做到言传身教。

（三）让学前儿童做有限的选择

有限选择的方法对儿童的规则培养非常有效，如果想让儿童不在房间里跑来跑去，就应该让儿童选择现在是看书还是画画，而不是"现在我们来做什么"，漫无边际的选择会让儿童无所适从。把儿童必须要做到的事定为规则，在这个范围内给儿童几个可选择的方向。这样的话，不论儿童选择什么，他们的行为都在规则之中，从而接受对规则意识的培养，也会促使他们形成一定的行为习惯。

（四）在社会交往过程中，引导学前儿童体验并内化规则

儿童规则意识的发展需要具备以下两个条件：第一，儿童要与外部道德主体（父母、教师、同辈群体、社会及其他可以产生影响的人）发生相互作用，在这种相互作用中，儿童接触到外部道德规则；第二，儿童与外部道德主体要有一种情感或情绪上的联系（儿童对外部道德主体的喜爱、畏惧或尊敬的情感）。因此，儿童规则教育应在丰富的社会交往实践中进行，社会交往实践是儿童体验并内化规则的关键途径。

（五）适当采用自然后果法

自然后果法是让儿童遵循自然发展规律，不干预、不强迫，让儿童自由活动的积极或消极的后果对其进行自然的奖惩，这样反而会收到意想不到的教育效果，因为这些自然后果是儿童内心信服的东西，而不是由外部训诫强加给他们的。学习是在丰富的经历与体验中实现的，儿童规则内化的过程也是如此。在规则教育中，家长可以允许儿童体验自己错误行为所带来的不良自然后果，使儿童意识到规则的重要性。但自然后果法要有一定的限度，还要与说理引导相结合，要让儿童明白行为与后果的因果关系，但同时也能感受到父母的爱意。晓之以理、动之以情，再加上示之以不同后果，规则教育才能取得较好的效果。

家庭教育重在引导，儿童行为、态度的发展需要有良好的导向。父母作为儿童人生的第一任导师，有能力也有义务指导儿童的行为。在冲突化解之后，父母静下心来想想事情的起因和经过，就可以发现儿童思想与行为的闪光点和有待引导的方面。在此基础上的引导和教育可以避免类似冲突的再次发生，从而促进儿童健康快乐成长。

第五章 积极心理学背景下学前儿童的综合发展

第一节 学前儿童的个性发展

一、学前儿童个性发展的概述

学前儿童个性发展包括气质、性格、能力、自我意识等方面的内容。虽然学前儿童的个性还没有形成，但是他们的行为已经表现出明显的倾向性。了解学前儿童个性心理发展特点，对指导儿童教育工作是有益的。

每一个人都是自然属性和社会属性的完整统一体。其中，个体代表自然属性的内容，个性代表社会属性的内容。明确阐释个性这一概念并不是一件很容易的事，因为个性与许多心理学概念相联系，如人格、性格和气质。具体可以从两个层面来认识个性的概念。第一，个性是一个人的心理面貌，它既包含与其他人不同的独特成分，又包含与众人一致的心理因素。换句话说，个性不仅仅指独特性，还包含共同性。第二，个性是一个人经常表现出来的行为特征，是心理结构中相对稳定的心理因素的总和。从这个意义上讲，个性与性格又极为相似。当代心理学观点认为，个性心理包括两个部分——个性心理倾向性和个性心理特征。需要、动机、兴趣、理想、信念和世界观是个性中的动力因素，表现为个性倾向性；能力、气质和性格则是个性心理中相对稳定的因素，表现为个性心理特征。

一直以来，教育学在沿用心理学中的个性概念，作为学前教育学专业教材，这里有必要考查一下教育学领域中的个性概念。教育提倡因材施教，培养德、智、体、美、劳全面发展的社会主义建设者和接班人。这就说明，中国教育的个性，除了心理倾向性和心理特征之外，还包括一个人在身心、才智、品性、技能等方面区别于他人的特性总和。教育领域的个性培养应更加重视个体思想道德素质、健康素质和科学文化素质的协调发展，实现个性化与社会化的有机融合。概括来讲，个性系统是由心理过程、心理状态和心理特征构成的多维度、多层次的统一整体。

根据幼儿在智力特征、认真自控、情绪性和亲社会性四个维度上的表现，可以把学前儿童的个性分为以下四种类型：认可型、矛盾型、拒绝型和中间型。

（一）认可型

认可型的学前儿童的智力特征、认真自控、情绪性和亲社会性四个维度的得分都很高，他们聪明灵活，独立性强，有责任心，做事踏实认真，与同伴关系融洽，具有合作意识，能够主动帮助他人；他们还表现出较好的自控能力，听从老师和家长的管教，性格开朗活泼。认可型在学前儿童群体中比较常见，约占总数的30%。

（二）矛盾型

矛盾型的学前儿童在个性的各个维度上得分低于总体平均水平。具体来讲，他们的智力特征与社会性得分显著低于认可型和中间型的孩子，而自控能力得分高于总体平均分，做事情的时候能够专心致志。矛盾型个性的幼儿经常出现情绪化反应，容易表现出爱哭、焦虑和急躁等消极情绪。这类孩子的智力水平稍差，不喜欢动脑筋思考问题，缺乏独立性和进取意识。他们的同伴关系淡漠，表现出明显的以自我为中心的倾向，也很少主动关心和帮助其他人。总体来说，这类孩子一方面具有较好的自控力，另一方面又时常出现焦虑和急躁情绪，因此表现出矛盾的个性品质。矛盾型的儿童大约占学前儿童总数的27%。

（三）拒绝型

拒绝型的学前儿童在智力特征、认真自控、情绪性和亲社会性四个维度得分均处于最低水平。这类孩子智力水平不一般，缺乏自我约束力。由于缺少同情心和助人意识，这类孩子在与同伴交往的过程中经常出现困难，很难与同伴建立良好的关系；并且，他们比同龄孩子更容易表现出焦虑、急躁等负面情绪，概括来讲，拒绝型是一种消极的个性品质。拒绝型的学前儿童大约占学前儿童总数的10%。

（四）中间型

中间型的学前儿童在四种个性类型中比例最大，约占总数的33%。他们在四个维度上的得分均处于中等水平，智力水平不算突出，在个性表现方面处于一般水平。

学前儿童个性发展具有阶段特征，学前期是个性发展的关键时期。在这段时期里，孩子的智力水平、自控能力，以及情绪理解和表达的能力都有明显的发展。学前早期，孩子离开父母，开始集体生活，新的环境会让他们感到约束的力量，他们可能会难以适应陌生的环境和同伴，并遭遇许多规则与限制。学前早期也是幼儿独立意识和合作意识发展的关键期，随着年龄的增长，孩子的智力水平、责任意识、自我约束能力，以及与同伴的交往程度都会有进一步的提高。在此过程中，他们的情绪性也会得到发展，并学会控制自己的负面情绪。

二、个性形成的生物学因素

个性是一个人稳定的行为模式，这种行为模式是在生物学因素、社会文化等因素共同作用的基础上逐渐形成的。生物学因素在学前儿童个性形成过程中扮演着重要的角色，影响他们个性形成的生物因素包括遗传因素和生理成熟。

遗传因素是幼儿个性发展的基础。人类通过遗传把基因传递给下一代，使他们具有生物性动力。新生的有机体也存储着潜在的动作图式，积蓄着对外界信息加工的潜能。遗传基因变异可能导致个体异常。遗传学研究发现，染色体结构异常能够导致个体智力落后和行为异常。

遗传基因决定身体形态和大脑皮层结构，甚至神经元之间的连接、细胞生物化学机能和神经活性物质的合成与分泌等过程。这些不但会影响到幼儿智力的发展，也可能引起个体气质和性格的差异。

遗传因素为个性多样化提供了生物学基础，主要表现在个体的感受性、耐受能力、活动性、反应性和持续性，及反应灵活性等方面，这也是学前儿童气质、性格形成的生物基础。例如，耐受性强的人容易集中注意力，而耐受性差的人意志力薄弱，注意力容易分散。高感受性寻求的个体喜欢在刺激丰富的环境中活动，而低感受性寻求的个体则喜欢在安静的环境中活动。

生理成熟是指个体生长发育的水平，它依赖于个体种族遗传的成长程序。个性品质的形成存在特定的关键期。在此时期，幼儿的生理结构和机能达到一定成熟水平，当周围环境提供学习条件，幼儿的个性品质就会形成。一般来说，3～4岁是幼儿气质发展的关键时期。

学前儿童个性的健康发展需要生物和环境因素的双向调节。生物因素为个性发展提供了必要条件，学前儿童个性是否能够健康发展还依赖于环境因素的性质与水平。一般来说，生物因素通过调节个体与环境之间的对象化作用来制约个性的发展。从某种意义上讲，环境意义依赖于个体的气质，不同气质的个体对相同的环境会产生不同的反应。例如，相同程度的惩罚，敏感的孩子感受到惩罚很严重，而低敏感的孩子感受到的惩罚较弱。这就导致相同的教育方式在不同孩子身上起到不同的教育效果。幼儿的气质也会影响到父母的教养方式，脾气暴躁、爱哭爱闹的孩子容易引起父母的烦恼与怒斥，父母的反应可能会进一步加剧孩子急躁的性格；性情温和、安静爱笑的孩子容易引起父母的关心与爱护，父母的这种反应会进一步强化幼儿的行为表现，使其形成温和的性格特征。

三、个性发展的社会化动因

学龄前阶段是个性形成的关键时期。家庭是个性发展的社会化场所，它为幼儿个性形成提供了最初的社会环境。家庭环境、家庭氛围、家庭成员之间的关系、教养方式以及家庭的经济社会地位等，对孩子的个性发展有很大影响，学前儿童的生活条件开始有了变化，生活中的目的性和独立意识增强，能够逐步按照父母的要求调节自己的行为，并能够按一定的标准评价自己和他人的行为。

父母的行为反应为儿童提供了榜样。观察学习理论认为，儿童通过观察生活中重要人物的行为习得了社会行为。人的个性是在观察学习过程中获得的，父母的意识形态、价值取向、生活作风、兴趣爱好、言谈举止、气质风度等，会对儿童产生潜移默化的影响。如果母亲经常表现出情绪低落，或担心、犹豫不决、缺乏自信，以及经常感受到压力过大，那么，孩子出现孤独、不友好、适应困难等个性特点的可能性也随之加大。父母是孩子的第一任教师，家长要时刻注意自己的表率作用，既要懂得爱护孩子，也要学会严格教育孩子，做到宽容而不放任，让孩子在体验到父母关爱的同时，提高自身的适应能力，增强责任意识，使身心获得健康发展。

父母的教养方式与儿童个性品质养成有很大关系。国外研究发现，民主型父母、专制型父母和放任型父母培养出的孩子个性明显不同。经常被父母打骂和体罚的孩子，容易表现出焦虑和担忧、情绪反应激烈、行为不理智等个性特征。因此，积极健康的家庭对塑造儿童健康良好的个性品质是非常重要的。

学前儿童个性形成的环境因素还包括学校教育环境，简单地说，就是幼儿园。幼儿园是影响学前儿童个性发展的另一个社会环境。幼儿园教育在学前儿童个性发展过程中起着导向作用。幼儿教师按照教学计划，依据幼儿身心发展特点，有计划、有目的地对学前儿童进行系统的影响，使之在个性品质方面发生长时期的改变。教师是幼儿效仿的对象，教师的性格、认知水平、价值观等因素会影响孩子的个性成长。

值得一提的是，教师的态度是儿童个性开始形成的重要原因。学前教育阶段的孩子比较惧怕老师，没有勇气在老师或者同学面前表达自己的想法。很多情况下，教师态度严厉，会使孩子的表达受阻，孩子会因为害怕老师的批评缄口不语。如果这种情况得不到及时的纠正，久而久之，这些孩子很可能形成没有主见、自我意识缺失的个性特征。学前教育阶段，教师需要了解孩子的内心世界，鼓励他们讲出自己的想法。

学前儿童喜欢游戏活动。在游戏活动中，学前儿童扮演各种社会角色，学习社会规范和行为准则，承担角色任务，并将在游戏中获得的信息转化为主体意识，通过游戏活动表现出来。学前儿童的个性也在主体意识的内化—外化过程中逐渐形成。例如，在"过家家"的游戏中，教师与孩子一起布置心中的家，不同的家庭成员之间可以串门，角色扮演让孩子们体验到责任感，在"大带小"的游戏中，有哥哥姐姐带着弟弟妹妹玩游戏的，有结伴跳舞唱歌的，还有哥哥姐姐安慰哭泣的弟弟妹妹的……这种宽松愉快的氛围有效地调动了学前儿童参与活动的主动性和积极性，并且能够培养孩子的交往能力。

通过游戏，家长和教师能够发现孩子的内心世界，儿童心理研究中的沙盘游戏，就是通过游戏的方式来映射被研究孩子的心理状况。另外，游戏活动能够帮助学前儿童释放现实生活中压抑的不良情绪，在一定程度上具有保持心理健康、促进个性健康发展的作用。

学前儿童的同伴交往大多是在游戏活动中完成的，同伴是儿童效仿的榜样和自我评价的参照标准之一。同伴交往活动中，儿童会表达自己的需要，并希望其他同伴能够满足自己的需要，因此会出现冲突、协商、交换和协作等行为。同伴交往活动可以让孩子领会社会规范，有利于他们社会情感、利他行为以及社会交往能力的发展。学前儿童能够把成长经历中获得的知识与积累的有关自我评价的信息结合起来，形成确切的自我意识。学前儿童在同伴交往中容易产生矛盾，经常"告状"。教师在孩子发生矛盾时应充当"观察者"的角色，观察孩子如何解决矛盾，之后再帮助孩子明辨是非。教师通过矛盾冲突教育孩子，也是培养其个性品质的有效途径。

四、自我意识的发展

自我意识是个体对自身的认识，幼儿自我意识表现为能够恰当地评价和支配自己的认识活动、情感态度和行为，并逐渐形成自我满足、自尊心、自信心等性格特征。自我意识是个性中的重要成分。刚出生的婴儿是没有自我意识的，他们意识不到自己的存在，不能把自己与周围的环境区分开来。1~6个月的婴儿仍旧分不清自己与他人，甚至还不知道手和脚是自己身体的一部分，他们会咬自己的手指，咬疼了之后会哭，之后还会继续，乐此不疲。半岁左右的婴儿开始有了自我意识的萌芽，认知能力的发展帮助他们形成自我意象，知道了自己的身体、动作和名字等。他们能够听懂别人在叫他的名字，逐渐明白镜子里的自己和现实中的自己是同一个人。随着自身表象越来越清晰，婴儿开始体验到存在感，他们开始把自己当作一个主体的人来认识。当他们意识到自己是心理和行为活动的主体时，也就形成了自我意识。

1岁左右的婴儿通过偶然性的动作，逐渐把自己和环境区分开，体会到自己的动作和客体的关系。这个时候的孩子开始拒绝大人帮助，并尝试自己完成活动。这种独立的自我意识在两三岁的孩子身上表现得更加突出，比如父母喂他吃药，他会推三阻四，但如果让他自己吃，很快就把药吃下去了。3岁左右的孩子学会把自我意识与社会规范结合起来，开始意识到"愿意"和"应该"的区别，开始懂得意愿有时要服从规范。

3岁以后的学前儿童自我意识发展更加全面，包括自我评价、自我控制和自我体验等方面。3岁半左右的孩子常常把成人的评价作为自我评价的依据。例如，当问到他们为什么认为自己是个好孩子时，他们回答"因为老师说我是个好孩子"。有些孩子在学校听老师的话，经常受到老师的表扬，这些孩子的自我评价也会比较积极。相反，那些经常调皮捣蛋的孩子常常受到老师和家长的批评，有时还会被其他小朋友取笑挖苦，得不到周围人的肯定和赞扬。这样的孩子容易自卑，缺乏存在感和价值感，不利于其个性的健康发展。

自我控制是指个体对自己的心理与行为的掌控，它是自我意识能动性的集中体现，表现为在没有外部限制的情况下排除干扰、克服困难、实现目标的过程。我国有学者提出，学前儿童的自我控制特点主要表现在自制力和坚韧性方面。自制力表现为抑制冲动，抵抗诱惑。坚韧性表现为个体在困难情境中，为了实现目标而坚持不懈地克服困难，表现出一种稳定持久的行为倾向。儿童心理学研究中经常使用延迟满足实验来衡量个体的自制力，实验任务是要求孩子克制眼前的诱惑，为了得到更大的收益而等待。例如，研究者要求孩子不去打开装在盒子里的小礼物，而要等到游戏结束之后再把它拿出来。研究发现，3~4岁的孩子的自制力还很差，3岁的儿童延迟时间为4分钟，并且使用的延迟满足的策略水平也不高。

自我体验是在自我认识和自我评价的基础上形成的。自我体验带有意识倾向性，是个性的重要组成部分。自信的人在生活中会积极进取，不甘人后，而一个自卑的人会经常怀疑自己的能力，遇事畏缩，不敢承担责任。一般来说，3~4岁儿童的积极体验要多于消极体验，并且他们的自我体验容易受到成人的暗示。随着学前儿童社会交往范围的扩大，4~5岁的孩子逐渐形成了社会性的情感体验，如自尊、羞愧和委屈等。5岁以后的孩子自我体验继续发展，受暗示性的现象逐渐减少。在延迟实验任务中，5岁孩子的延迟时间能够达到11分钟，显著高于3~4岁的儿童，并且5岁的孩子能够采取更有效的策略保持持久的坚韧性。

如何培养学前儿童良好的自我意识呢？

第一，鼓励他们多与同龄伙伴交往。同伴交往的过程中，孩子逐步放弃以自我为中心的倾向，学会站在他人角度思考问题，关心与理解他人的需要；他们还要学会自我控制、宽容和忍让，学会重新认识和评价自己，调整自己的言行。否则，他们将很难处理好与同伴的关系。学前儿童就是在一次次的误会、争吵、和好、共享的过程中不断学习与提高的。同伴交往和游戏活动是儿童的天性，不愿参加同伴活动的孩子可能是因为害羞，或者是在逃避同伴交往中遇到的困难。4~5岁的儿童正处于社会交往技巧形成的关键期，这一年龄阶段儿童的同伴交往质量也会影响他们自我控制能力的形成与发展。

第二，引导学前儿童进行积极的自我评价，提高其认识自我的能力。儿童的自我评价很大程度上来源于他人，父母的评价尤为重要。家长对孩子的评价要有分寸，尽量不用贬低的字眼，以免孩子产生自卑心理；表扬和批评孩子的时候要针对具体的事情，这样有助于孩子通过反思加以改进。经常指责孩子"笨"，只会让孩子感到自卑，形成消极的自我意识。

学前儿童的自我评价是在交往活动中形成的，同伴交往是自我评价产生和发展的基础。幼儿园教师要鼓励孩子参加活动，家长要改善孩子的交往环境，经常带他们到亲戚朋友家去，增加他们与社会接触的频率，积累交往经验，使之理解是非善恶，养成团结合作、热心助人、有责任心等优良的个性品质。

第三，自我控制能力是衡量自我意识水平高低的重要标准。学前教育阶段，教师需要有意识地帮助孩子调整情绪，合理安排一项活动的进程，并有意识地对活动结果的错误进行自我矫正，等等。游戏能够训练儿童的自制力。在游戏过程中，教师制定游戏规则，遵守游戏规则的小朋友会受到表扬，游戏能够继续进行；如果小朋友不遵守游戏规则，游戏就会中断，直到教师重申游戏规则，并且在大家都不违反的情况下，游戏才能继续进行。

延迟满足训练可以增强学前儿童的自制力。缺乏自制力的孩子迫不及待地想要得到自己想要的东西。为了增加儿童延迟满足的时间，可以有意转移他们的注意力，或者把诱人的东西想象成不能吃也不好玩的东西。例如，把棉花糖想象成棉花等。家长和老师对孩子在延迟满足训练中表现出的进步，要给予及时的肯定和表扬，或者给孩子更大、更多的奖励，从而增强孩子自我控制的信心。父母要有意识地为孩子树立良好的榜样，与孩子一起完成某项延迟任务，并在完成任务的过程中互相监督。

对于学前儿童来说，自我控制需要适度。自我控制力过低的儿童很容易分心，自发情绪反应较多，易冲动，在同伴交往中喜欢攻击其他小朋友。自我控制过强的孩子则表现出很强的抑制性，这样也会导致孩子的兴趣狭隘，自主意识差，不善于表达自己的需要等问题。也就是说，学前儿童要保持一种弹性的自我控制能力，即在需要控制的时候管住自己，在不需要控制的时候能够令自己放松。

第二节　学前儿童性别角色的社会化

一、学前儿童性别发展的过程

（一）与儿童性别发展有关的几个概念

1.性别、性别度及性别的自我概念

（1）性别

当婴儿出生时，所有人都会问一个关键的问题："是男孩还是女孩？"随着儿童的成长，父母和他人对待他们的方式也会受到性别的影响，成长中的儿童有关自己及其所在外部环境的看法，越来越取决于他是男还是女。例如，大多数的2岁儿童都能准确地为自己和他人贴上男或女的标签。事实上，9～12个月大的婴儿就会对陌生男性和女性的照片做出不同的反应。到3岁左右时，大多儿童都更喜欢和同性儿童玩耍。

性别是带有心理学意义和文化意义的概念，是一种社会标签，用来说明文化赋予每一性别的特征和个体给自己安排的与性别有关的特质。

（2）性别度

性别度，是指依据体质、性格、行为表现和能力来区分男女。

（3）性别的自我概念

性别的自我概念，是个体形成的关于自己的比较稳定的看法，也就是对自己的知觉与认识。

2.性别角色

角色是社会心理学的一个重要概念。角色是·系列的责任、权利、义务以及在一定的社会结构内，社会对某个位置上的人们期望的行为。角色的内涵取决于社会对他的期待。所谓性别角色，是指社会对不同性别的人所产生的行为期望。性别角色与性别有关，但并不是性别之间的所有性别行为差异，都是性别角色的一部分。由生物性差异造成的行为差异，不属于性别角色的内容。只有由社会期望所决定的性别行为，才是性别角色的内容。随着儿童的成长，他们逐渐地学习到社会期望对男性和女性的行为要求，并利用这些信息指导和控制自己的行为，适应社会交往。

所以，性别角色是被社会认可的男性和女性在社会上的一种地位，也是社会对男性和女性在行为方式和态度上期望的总称。

性别角色的社会化，是个体逐渐形成社会对不同性别的期望、规范和与之相符的行为的过程。

3. 性别刻板印象

性别刻板印象，是人们对男性或女性角色特征的固有印象，它表明了人们对性别角色的期望和看法。在对人的知觉中，人们必须找到一个不同角色的共同特点，以方便认识与判断。

人们对男性和女性有什么心理差异、男性和女性各自拥有哪些能力、男性和女性各自适合哪些工作的看法，具有明显的近似刻板的印象。如人们总是认为男性具有积极、爱冒险、有抱负、有竞争性、有支配性、独立、自信、粗鲁等特征，心理能力具有明显的工具性，擅长解决问题；而女性则具有重感情、体贴、情绪化、温柔、优雅、被动、喜欢孩子、善解人意等特征，心理能力具有明显的表达性，擅长交流。

这一性别刻板印象也同样表现在儿童早期的心理之中。儿童大约在 2 岁时，开始标示自己及他人的性别。以后，他们便将服饰、玩具、颜色、游戏、家务活、生活用品等与性别联系起来。儿童在游戏中对活动的性质和玩具的选择具有高度的性别一致性，社会环境中的性别刻板印象与婴儿自身认知上缺乏可逆性，导致他们对性别的信息难以整合，对于有冲突的信息更是不可能整合。因而，年幼儿童的性别刻板印象仿佛变成了一项判断事物的规则，5 岁幼儿对活动和职业的性别刻板现象已经很牢固地建立起来了。随着年龄的增长，从幼儿园到小学阶段，这种有关男性、女性能力和特点的认识变得较为灵活，标志着儿童认知能力的不断深化。

4. 性别认同

性别认同不仅是指意识到某人是男性或女性，更具体地讲，性别认同还包括认识到自己属于某种性别的典型成员、对自己生物学性别的满意感，以及为了使自己符合性别角色刻板印象而体验到来自父母和同伴的压力感。

性别认同的概念主要有三类：第一类是指个体对自己的生理性别的心理认同，如美国当代著名儿童发展心理学家劳伦斯·科尔伯格认为，性别认同是指个体对自己性别状态的认识、理解或自我意识。性别角色认同是指对自己和他人性别的正确标定。第二类则从男性和女性在社会文化的影响下形成的社会性别对性别认同进行界定。第三类是上述两类概念的综合，认为性别认同包括内在性和外在性。内在性是个体对自己是男是女的感知；外在性，即个体对性别行为归属的认同，个体的行为暴露了其内在的本质，根据这些本质，人就拥有了不同的身份。

整体而言，性别认同，也称性别角色认同，是指个体认同特定社会文化对男性、女性的不同要求，而形成相应的动机、情感、态度和行为，并发展相适应的性别特征。也就是说个体要想获得社会认可，就要把社会文化对男性和女性不同的要求内化形成与性别相称的行为、态度、特征及价值观。

（二）儿童性别定型化的发展过程

1. 性别恒常性的发展

据研究，人们一般认为性别恒常性的发展要经历三个阶段：① 性别认同（2～3.5岁）；② 性别稳定（3.5～4.5岁），即知道人的性别不会随年龄变化而变化。③ 性别一致性（4.5～7岁），即懂得人的性别不会随服饰、形象或活动的改变而转变。儿童的性别恒常性沿着先认识自己的性别恒常性，然后认识与其同性的儿童的性别恒常性，最后认识异性儿童的性别恒常性的线路发展。

2. 对性别期待的认识

3岁的儿童不仅能分辨自己和别人是男还是女，还懂得不少有关性别角色应有的活动和兴趣。

5岁左右，儿童开始认识一些与性别有关的心理成分，如男孩胆子要大，不能哭；女孩要文静，不能粗野。

有研究者向7～11岁的女孩提出各种活动、职业和品质问题，问女孩这些活动、职业和品质是否比较适合男孩或女孩，或两者皆可。结果表明，年龄小的儿童性别认同十分刻板；随着年龄的增长，到了儿童中期，儿童一方面对文化规定的性别概念有了更多的理解，另一方面则对性别概念的理解变得更加灵活。他们认识到，一个人的性别并不会因从事违背性别规范的活动、职业或品质而有所改变，并开始对自己的角色定型加以反省和修改。

3. 性别偏爱

儿童虽然常常偏爱与自己性别相同成员的活动和角色，但并不总是如此。不少研究指出，男孩更加喜欢男子气的活动并对这类活动感兴趣，但女孩不一定喜欢或对所谓女子气的活动感兴趣，而往往转向偏爱男子气的活动，接受男子气的个性特征。这个发现并不是20世纪70年代社会变化的结果，而是在20世纪20年代起就产生了这种倾向，有人认为这可能与社会上男子更受尊重有关。一些女孩子把自己看成是顽皮的女孩，喜欢男孩的游戏和活动，在小学期间尤其如此。

人们常用IT量表测定儿童性别角色的偏爱，IT量表是由36张卡片组成的投射测验，其中一张卡片表示"IT"，这是一个未确定性别的模糊的形象，其他一些卡片是描绘具有男子气或女子气含义的物体、人物和活动。让儿童看看"IT"图像，然后要求他们从各对玩具（卡车和娃娃）、衣服（裤子和上装）以及活动（运动和玩娃娃）中加以挑选，并问"IT"喜欢哪一种。假设儿童为"IT"所做的选择就是代表自己的选择。根据"ITSC"所测的结果，美国女孩对女子气的偏爱在3～4岁有一个迅速增长期，可是从4～10岁转向偏爱男子气，直到10岁才又突然向女子气偏爱发展。通过对日本儿童的测定发现，日本男孩与女孩在3～5岁时就有选择同性对象的显著倾向，基本上与美国的男孩变化相似，大多数美国男孩在学前期已偏爱男子角色。

从儿童游戏的模式中也可看出类似的倾向。学前和初级小学的女孩跟男孩相比，并不是十分严格地遵循适合自己性别的行为，女孩玩卡车的要比男孩玩娃娃的人数多一些。

4. 性别角色行为的选择

儿童的行为很早就显示出性别类型。学前儿童已开始选择同性别伙伴一起玩游戏，经常可以看到男孩一组、女孩一组，各玩各的适合他们性别的活动或游戏。对此，有人研究了学前儿童以成人标准划分的男性的、中性的、女性的玩具的选择行为。有研究发现，即使是2岁的孩子也喜欢同性玩具。到了小学，这种性别分割的情况更加突出。

尽管儿童很早就在活动、兴趣和选择同伴方面显示出了性别差异，但在个性和社会行为方面并未显示出性别差异。

二、儿童性别差异产生的原因

（一）性别差异的表现

1. 身体和动作方面

（1）身体发育方面

学前期的男孩在身体发育上比女孩占有更多的优势。他们的个头比较大，肺活量比女孩大。

在日常生活中，男孩对卡路里的摄入量超过女孩，基础代谢始终比女孩快，体内脂肪比女孩少，肌肉却比女孩多。

此外，由于男孩手臂比女孩略长，在敲击和投掷活动中，男孩的力量和速度优于女孩。这一切都说明，男孩为什么有精力旺盛的行为，并愿意参加体力消耗过多的活动。

（2）动作行为方面

男孩比女孩具有更强的身体活动能力，并发生较多的身体攻击性行为，而且也容易被引出攻击性行为。

与女孩相比，男孩不善于用相当成熟的思考来替代冲动行为；在幼儿园里，有可能通过练习改善女孩的表现，而男孩则不容易改变，在行为的自我控制能力上，男孩远比女孩差。

2. 认知方面

（1）男女智力有不同的优势领域

语言：女孩掌握语言比男孩早，在语言流畅性方面，以及在读、写和拼写方面均占优势。

感知：男性的视敏度优于女性，至少从青春期起是这样的，但女性有较好的听觉定位和分辨力。

记忆：男性的理解记忆和抽象记忆较强，而女性的机械记忆和形象记忆较强。

思维，以思维类型划分，男性偏于逻辑思维，女性偏于形象思维。

（2）社交和情绪发展方面

女孩参加社交方面的活动比男孩多；男孩对物更感兴趣，而女孩似乎对人更感兴趣；女孩在一起从事合作性的活动多于男孩。

（二）影响儿童性别差异的因素

1. 遗传生理因素

（1）男女两性的生理机能不同

进入青春发育期后，男生和女生会在体征上表现出基本的差异。女性生理发育比男性早，速度也快，因而成熟较早。

（2）男女两性神经机能活动特性不同

两性神经活动特性不同，男性反应快些，综合能力强；女性的反应慢一些，对事物的细节迅速辨别的能力较强。

2. 环境和教育的影响

（1）家庭

在社会系统中，家庭是儿童社会化的第一场所，也是无可比拟的第一社会环境。家庭为儿童提供了第一次人际交往、第一种人际关系、第一项社会规范、第一个社会角色。从儿童学步时，父母就采用性别分化的方式对待子女。随着孩子不断长大，他们开始对孩子进行性别角色的指导。儿童正是从父母对他们的态度和行为要求中获得性别认同，进而达到性别角色分化的。

（2）社会与学校

在社会环境里，社会对性别角色的需求是通过广泛的各种信息渠道来传播的。

学校教育是有计划、有目的、有系统地进行的，对儿童的影响也是持续、系统、有意识的过程。由于学校教育具有权威性，随着个体受教育年限的增加，学校教育对儿童发展的主导作用会逐渐显现出来。

①教师的性别角色认知对儿童性别角色发展的影响。

教师的性别角色认知无疑是在学校教育中对儿童的发展起着较大影响的因素，无论对低年级学生还是高年级学生而言，教师本身的态度会潜移默化地影响学生，在儿童性别角色发展过程中也不例外。受社会传统性别角色认识的影响，教师更多地鼓励男孩培养探索、勇敢、坚强的精神，而更多地培养女孩乖巧、温和、文静的性格。例如，面对智力水平相同的不同性别的儿童，一些教师往往把男孩想象成未来的科学家、企业家等具有高素质、挑战性强的形象，在教育中也是按照这类人物形象严格要求男孩，而男孩受到这样的角色期望后也容易将自己的人生目标定得更高；而一些教师对女孩的态度则相反，有可能导致女孩对自己的定位也会随之降低。又如同样是哭鼻子，教师看到女孩哭就会表露出同情、温柔的一面，但看到男孩哭时就表现得很严厉，甚至批评他们不像男子汉，由此无形中阻碍了男孩细腻情感的流露，可能会使男孩形成缺乏同情心、粗心等不良的心理品质。教师就是这样在无意的教育中，扩大了男女儿童本已存在的心理差异。

②学校教材中人物角色对儿童性别角色发展的影响。

儿童性别角色发展过程是在特定的文化背景下进行的。文字是人类文化的载体，儿童在学习教材文本的同时，会"自觉"地接受其感染和暗示，并进行模仿，从而内化形成自我对事物的认知水平。现行的教材中，人物形象的塑造实际上为儿童提供了一种现成的社会化模式，对儿童性别角色发展起着不可估量的作用。这可能会使儿童"对号入座"，教师要正确认识，及时引导儿童学习教材中出现的主人公身上的优点，从而减少教材文本中人物角色对儿童性别角色发展的不良影响。

③学校的精神环境对儿童性别角色发展的影响。

现实中精神环境对儿童性别角色教育的作用也是有偏差的。例如，在校园的宣传栏和教室里的名言墙上张贴的名言警句大部分出自男性，这些看似平常的现象在不经意间已经对儿童的认知产生了影响，他们可能会逐渐形成男性化话语霸权心理，进而影响其自身性别角色塑造。因此，学校精神环境对儿童性别角色发展具有不可忽视的影响，精神文化的传达应考虑儿童对女性角色的认知，学校应积极采用一些成功女性的典范，以此体现校园精神环境对儿童性别角色发展的平衡作用。此外，良好的校风、班风，融洽的师生关系、同学关系也会感染学生，引起情感共鸣，使儿童产生积极体验，有助于其形成健康、积极的性别观念。

（三）双性化与无性教育

双性化的意思是男性化和女性化混合与平衡。双性化是一个有意义的人格指标，是心理健康化的标准。其教育意义是：着力培养男女学生人格双性化，形成理想的性别角色，消灭性别图式，防止传统的性别图式的影响。

有研究者认为，在教育幼儿时，过于严格、绝对的性别定型（即男孩只培养其粗犷、刚强等男性气质，女孩只培养其温柔、细致等女性特点）只会限制他们智力、个性健康的全面发展，进而可能令男孩过于粗犷、勇猛而缺少平和、细腻的气质，无法学会关心体贴他人及拥有细腻的情感世界；令女孩过于柔弱、内敛而缺少勇气、自立的精神，缺乏竞争心及刚强的心理素质，最终在社会适应、情绪调控、压力化解以及处理包括家庭在内的各种人际关系上，都劣于那些"双性化"的女孩。男孩可能变得刚愎自用、难解人意、冷酷冷漠，或干脆成为工作狂，不仅在事业上难有竞争优势，在社交圈中也不受欢迎；女孩可能因此缺乏独立性和上进心，放弃对事业的追求和对自己的严格要求，最终难以成材。

不论是男孩还是女孩，都应该在发挥自己"性别"优势的同时，主动向异性学习，克服自己性别上天然的弱项，促进身心的全面发展和人格的完善。例如，男孩应多学习女孩细心、善于表达和善解人意的品质，女孩则应多学习男孩刚毅、坚定和开朗的品质。

不少性格或行为特征（如热情活泼、独立自主、坚忍不拔、富有责任心、善解人意、无私善良等）应是男女两性共同具备的，不宜被视为某种性别专有。家长在培养孩子时不宜区分过清，而应兼收并蓄——这正是"双性化教育"内涵的重要组成部分。

然而，鼓励孩子向异性学习也要有"分寸"。在鼓励孩子向异性学习时，必须顺其自然，应通过自然而然地接触，为他们提供共同交流、一起玩耍的机会。切忌威逼强迫，不然会适得其反。

"双性化"并不等同于"男女无别"。双性化教育应该是顺从孩子先天的性别倾向来引导，让男孩和女孩首先认同自己的典型性别倾向，乐于做一个男孩或女孩，然后再从学习异性特质中受益。

从双性化理论的起源来看，它是一个与性别刻板印象（性别歧视）相反的理论。根据本姆的双性化理论，一个人的性别倾向可以分为四种：男性化、女性化、双性化和中性化。双性化理论认为，双性化是一种最为理想的性别模式，它集合了男性和女性的性别优点。双性化个体在各种条件下比性别典型者（男性化、女性化）做得更好，在心理健康、自尊、自我评价、受同伴欢迎程度、适应能力等方面都优于单性化者。"中性化"可以说是"无性化"，是社会性别最不突出的一类群体，它没有显著的男性气质和女性气质。因此，本来是个很好的理念——男女相互学习，有助于男女两性摆脱传统文化对性别的束缚，但某些人却将"双性化"误读为"中性化"，"双性化"的意思被扭曲了，结果适得其反。

第三节 学前儿童交往的发展

一、依恋与独立性的发展

（一）学前儿童的依恋

依恋是由英国心理学家鲍尔比最先提出的一个心理概念，是指婴儿与母亲（或能够代理母亲的人）之间所形成的由爱连接起来的永久性心理联系。有关的研究认为，依恋突出表现为三个特点：一是依恋对象比任何别的人更能抚慰婴儿。二是婴儿更多趋向依恋目标。三是当依恋对象在旁时，婴儿较少害怕。当婴儿害怕时，更容易出现依恋行为，通过寻找依恋对象的方式以获得安全感。

1. 依恋的发展阶段

依恋不是突然发生的，依恋的性质也是有所不同的。根据心理学家，特别是鲍尔比、艾斯沃斯等人的研究，依恋是婴儿在同母亲较长期的相互作用中逐渐建立的，其发展过程可分为以下四个阶段：

（1）无差别的社会反应阶段（出生～3个月）

这个时期的婴儿对人反应的最大特点是不加区分、无差别的反应。婴儿对所有人的反应几乎都是一样的，喜欢所有的人，喜欢听到所有人的声音，喜欢注视所有人的脸，看到人的脸或听到人的声音都会微笑，手舞足蹈。同时，所有的人对婴儿的影响也是一样的，他们与婴儿的接触，如抱他、对他说话，都能引起他高兴、兴奋，都能使他感到愉快、满足。此时的婴儿还未有对任何人（包括母亲）的偏爱。

（2）有差别的社会反应阶段（3～6个月）

这时婴儿对人的反应有了区别，对人的反应有所选择，偏爱母亲，对母亲和他所熟悉的人及陌生人的反应是不同的。这时的婴儿在母亲面前表现出更多的微笑、牙牙学语、依偎、接近；而在其他熟悉的人面前，这些反应则要相对少一些；对陌生人这些反应就更少，但是此时依然有这些反应。

（3）特殊的情感联结阶段（6个月～2岁）

6～7个月开始，婴儿对母亲的存在更加关切，特别愿意与母亲在一起，与她在一起时特别高兴。而当母亲离开时则哭喊，不让其离开，别人还不能替代母亲使婴儿快乐。当母亲回来时，婴儿马上显得十分高兴。同时，只要母亲在他身边，婴儿就能安心地玩儿、探索周围环境，好像母亲是其安全的基地。这一切显示婴儿出现了明显的对母亲的依恋，形成了专门的对母亲的情感联结。与此同时，婴儿对陌生人的态度变化很大，见到陌生人大多不再微笑、牙牙学语，而是紧张、恐惧，甚至哭泣、大喊大叫，产生怯生感。

（4）目标调整的伙伴关系阶段（2岁以后）

2岁以后，幼儿逐渐认识并理解母亲的情感、需要和愿望，知道她爱自己，不会抛弃自己，并知道交往时应该考虑她的需要和兴趣，并据此调整自己的情绪和行为反应。此时与母亲空间上的临近性逐渐变得不那么重要。比如，当母亲需要干别的事情，要离开一段时间，幼儿会表现出理解，而不是大声哭闹，他可以自己较快乐地玩或通过言语、目光与母亲交谈，相信一会儿母亲肯定会回来。

2. 依恋的类型

在对母子依恋的研究中，艾斯沃斯等人的研究最有影响力。艾斯沃斯等利用实际情境中婴儿对陌生情境的反应，把依恋分为三种类型：

（1）安全型依恋

这类婴儿与母亲有着安全的情感联系。当与母亲在一起时，能安逸地操作玩具，并不总是依偎在母亲身旁，只是偶尔靠近或接触母亲，更多的是用眼睛看母亲、对母亲微笑或与母亲有距离地交谈。母亲在场使婴儿感到足够的安全，能在陌生的环境中进行积极的探索和操作，对陌生人的反应也比较积极。当母亲离开时，婴儿的操作、探索行为会受到影响，婴儿明显表现出苦恼、不安，想寻回母亲。当母亲回来时，婴儿会立即寻找与母亲的接触，并且很容易平静下来，继续做游戏。这类婴儿占65% ～ 70%。

（2）回避型依恋

这类婴儿对母亲在不在场都无所谓。母亲离开时，他们并不表示反抗，很少有紧张、不安的表现；当母亲回来时，他们也往往不予理会，表示忽略而不是高兴，自己玩自己的。有时也会欢迎母亲回来，但时间非常短。实际上，这类婴儿对母亲并未形成特别密切的感情联结，所以，有人把这类婴儿称为无依恋婴儿。这类婴儿约占20%。

（3）反抗型依恋

这类婴儿在母亲要离开前就显得很警惕，当母亲离开时表现得非常苦恼、极度反抗，任何一次短暂的分离都会引起大喊大叫。但是当母亲回来时，婴儿对母亲的态度又是矛盾的，既寻求与母亲的接触，但同时又反抗与母亲的接触。当母亲亲近他，比如要抱他时，他会生气地拒绝、推开，但是要他重新回去做游戏似乎又不太容易，并不时地朝着母亲的方向看。所以，这种类型的依恋又常被称为矛盾型依恋。这类婴儿占10% ～ 15%。

在这三类依恋中，安全型依恋是积极依恋，回避型依恋和反抗型依恋均属于消极的不安全型依恋。

3. 不同依恋类型婴儿母亲的特点

安全型依恋婴儿母亲的特点：① 对婴儿发出的各种信号、需要非常敏感，并给予迅速的反应。② 主动调节自己的行为，以适应婴儿。③ 充满感情地、积极地表达情绪，与婴儿的接触总是充满爱意。④ 积极鼓励婴儿探索周围环境和事物，并在他们需要的时候对其提供帮助和保护。⑤ 喜欢与婴儿进行密切的身体接触，如搂、抱、亲吻婴儿，并从中感到快乐和喜悦。

回避型依恋婴儿母亲的特点：① 对婴儿所发出的各种信号及需要不敏感，常不能及时意识到或忽视，更谈不上做出迅速的反应。② 与婴儿的密切身体接触很少，对孩子没有兴趣，不喜欢与婴儿的密切身体接触。③ 对婴儿常常不是充满感情的，而是怒气冲冲，经常以生气、发火的方式对待孩子。

反抗型依恋婴儿母亲的特点：① 好像对婴儿感兴趣，也愿意接触婴儿甚至进行密切的身体接触。② 对婴儿的信号、需要常常错误地理解，或捉摸不定，无法做出及时、恰当的反应。③ 对待婴儿的行为与态度多变、不稳定，对婴儿的态度与方式依赖于自己的心境和情绪。

（二）学前儿童的亲子关系

亲子关系，也叫亲子交往，是指父母与子女的关系，也可以包含隔代亲人的关系。狭义的亲子关系是指幼儿早期与父母的情感联系，即依恋。它是儿童早期生活中最主要的社会关系，对于儿童个性的发展具有不可替代的作用。其中，影响儿童个性形成和发展的直接因素就是父母的教养方式。

针对父母的教养方式，美国心理学家戴安娜·鲍姆林德提出了两个维度，即要求和反应性。"要求"是父母对子女的期望，即父母是否对孩子的行为建立适当的标准，并坚持要求孩子去达到这些标准。"反应性"是父母对儿童行为的反馈，即父母对孩子接受的程度及对孩子需求的敏感程度。

（三）学前儿童的师幼交往

师幼关系是指教师在教育教学和儿童交往的过程中形成的比较稳定的人际关系。与亲子关系、同伴关系等幼儿的其他社会关系相比，师幼关系的特殊之处在于它蕴含着教学的因素，具有"教学关系"这一侧面。然而，师幼关系从根本上来说，仍是一种人与人之间的具有情感色彩的人际关系。

1. 教师在师幼交往中的地位

幼儿进入幼儿园后，活动重心就从家庭转移到了幼儿园，教师就成为幼儿在家庭以外接触最多的成年人。这时，师幼关系便开始建立。

教师在幼儿心目中具有很高的威望，教师自身的言行、对幼儿的态度、工作能力和教学内容，都对幼儿心理产生了重大的影响。

因此，为了促进幼儿社会性的发展，教师要尽可能多地与幼儿交往，了解他们的性格特征、行为特点和家庭状况，帮助他们克服交往上的障碍，培养他们对集体活动的兴趣和遵守规则的习惯。

2. 建立良好师幼关系的策略

（1）尊重幼儿作为一个"人"的完整人格和权利

幼儿是发展中的个体，教师要了解他们身心发展的规律，尊重他们的能力和个性，尊重幼儿作为一个独立的社会成员的尊严和权利，创设一个平等、民主、宽松的教育环境。

（2）关心爱护幼儿，悉心呵护幼儿

关爱幼儿是对幼儿教师的基本要求，也只有在关爱幼儿的基础上，才有可能与幼儿建立良好的关系。

（3）经常与幼儿交谈，建立平等"对话"关系

教师应在日常生活中就幼儿感兴趣的事物、话题与幼儿平等、真诚地交谈。

（4）适时参与幼儿的活动，营造民主氛围

师幼关系是以教师与幼儿之间有一定的互动或交往活动为基础的。教师应该积极参与到幼儿自主的活动中。在幼儿自主的活动中，教师不仅是一个指导者、顾问，也是一个玩伴，体现着民主、平等的人与人之间的关系。

（5）与幼儿建立良好的个人关系

教师与个别幼儿的关系，尤其是与班级里较为典型、特殊的幼儿的关系，常常会影响教师与其他幼儿之间的关系。因此，教师应该设法与个别幼儿建立良好的个人关系，并以个人关系影响与其他幼儿的关系。

（6）积极回应幼儿的社会性行为

教师认真观察幼儿的行为、倾听幼儿的心声并及时给予积极回应，是建构积极、良好的师幼关系的基础。

二、同伴关系的发展

同伴关系是儿童在早期生活中，除亲子关系、师幼关系之外的又一重要的社会关系。同伴关系是儿童在交往过程中建立和发展起来的一种儿童间特别是同龄人间的人际关系，它存在于整个人类社会。区别于亲子关系、师幼关系，同伴关系更体现平等的交往。

（一）同伴交往的作用

许多心理学家都曾指出，儿童之间的交往是促进儿童发展的有利因素，同伴关系对于健康的认知和社会性发展非常重要。大量研究表明，同伴关系有利于儿童社会价值的获得、社会能力的培养以及认知和健康人格的发展。

1. 同伴交往有利于儿童形成积极的情感

归属和爱以及尊重的需要，是人类的基本需要。儿童除了在亲子关系中能够获得这种需要的满足之外，还可以从一般的同伴集体中获得。学前儿童在与同伴交往时，经常表现出更多的、更明显的愉快、兴奋和无拘无束的交谈，并且能够更轻松、更自主地投入各种活动。同时，良好的同伴关系也能成为儿童的一种情感依赖，对学前儿童具有重要的情感支持作用。

2. 同伴交往有利于儿童认知能力的发展

同伴交往为儿童提供了大量彼此协商、相互讨论的机会，有助于儿童拓展知识，丰富知识储备，发展思考、操作和解决问题的能力。儿童在与同伴的交往中，逐渐学

会了与同伴相处，认识别人、了解别人、理解别人、约束自己，改变自己不合理的想法和行为模式，克服认知上的自我中心状态。这些都能促进儿童认知能力的发展。

3. 同伴交往有利于儿童自我评价和自我调控系统的发展

同伴交往为儿童的自我认知和自我评价提供了有效途径。学前儿童对自己的认识一方面来源于自己，一方面来源于他人，同伴既可以给儿童提供关于自我的信息，又可以作为儿童与他人比较的对象。儿童在将自己与同伴比较的过程中，形成对自我的评价，这是儿童最初的社会性比较，它为儿童形成积极的自我概念打下了最初的基础。

同伴交往为儿童对行为的自我调控提供了丰富的信息和参照标准。儿童在交往中的不同行为，往往会招致同伴的不同反应。比如，打人或抢别人的玩具，常常招来同伴的拒绝或逃避，而善意和分享玩具则换回的是友好和合作。从同伴不同的反应看，儿童既可以了解自己行为的结果与性质，又可以了解自己是否为他人所接受，并认识到调整自己行为的必要性和必须调节、控制哪些行为，从而进一步调控自己的有关行为。

4. 同伴交往有利于儿童社会性的发展

与亲子关系不同，在同伴关系中，交往双方处于平等地位，需要儿童特别关注对方的反应和态度，并增强自己行为的表现性和反应灵活性，以保证顺利实现双方的信息交流，完成交往活动。因此，在同伴交往中，一方面，儿童做出社交行为，如微笑、请求等，从而尝试与练习自己已经学会的社交技能和社交策略，并根据对方的反应做出相应的调整，然后再不断地熟练、巩固和积极参与；另一方面，儿童在交往中通过观察对方的社交行为而学习、尝试新的社交手段，从而丰富自身的社交行为，使之在数量和质量上都得到更进一步的发展。另外，在同伴交往中，同伴的反馈更真实、自然和及时。

（二）同伴关系的类型

1. 社会测量法：同伴关系测量的重要手段

研究幼儿同伴关系可以运用社会测量法。社会测量法是美国社会学家、心理学家莫里诺提出的。莫里诺在分析人际关系时所使用的社交测量法至今仍影响着现代社会网络定量分析的发展。

社会测量法是测量幼儿在团体中地位与影响力的一种方法，通过该方法可以了解幼儿的社会交往能力与同伴关系。社会测量法主要有三种：同伴提名法；同伴行为描述法；同伴评定法。

（1）同伴提名法

同伴提名法是最基本、最主要的一种，其基本实施方法是：让被试者根据某种心理品质或行为特征的描述，从同伴团体中找出最符合这些描述特征的人来。比如，研究者以"喜欢"或"不喜欢"为标准，让幼儿说出班上他最喜欢或最不喜欢的三个小朋友的名字，然后对研究结果进行一定的技术处理，并做出解释。

同伴提名法测量的基本原理是：儿童同伴之间的相互选择，反映着他们之间心理上的联系。肯定的选择意味着接纳，否定的选择意味着排斥。同伴之间在一定标准上所进行的肯定性或否定性选择，实际上反映着同伴之间的人际关系状况。这样，通过分析同伴的选择结果，就可以定量地测量儿童同伴间的关系。

（2）同伴行为描述法

它实际上是一种结构化的提名程序。"班级戏剧"是其中的重要方法：幼儿假想自己是戏剧导演，将同伴"对号入座"地分派一系列积极或消极角色。比如，可以问儿童："如果要演一个领导能力强的角色，你认为在班上谁最合适？"

（3）同伴评定法

它要求每个儿童根据具体化的量表对同伴群体内其他所有成员进行评定，如让儿童回答："你在多大程度上喜欢和这位同学（同班）一起学习（或一起玩）？"

2. 同伴交往的类型

研究人员采用"提名法"，对4～6岁儿童同伴交往的类型进行研究，得出了四种类型，即受欢迎型、被忽视型、被拒绝型和一般型。

（1）受欢迎型

该类型儿童大多外向，是天生的领导，喜欢与人交往。在交往中积极主动，且常常表现出友好、积极的交往行为，因而受到大多数人的接纳和喜爱，在同伴中享有较高的地位，具有较强的影响力。

（2）被忽视型

该类型儿童在社交上总是懒惰的，常常独处或一人活动，在交往中表现得退缩或畏惧；多为较安静、内向、守规矩。他们既很少对同伴表现出友好合作的行为，也很少表现出攻击性行为，因此，既没有同伴主动喜欢他们，也没有同伴主动排斥他们。他们不会也不敢为自己争取表现的机会，以至于被同伴甚至教师忽视，几乎忘了他们的存在。

（3）被拒绝型

该类型儿童在交往中活跃、主动，但常常采取不友好的交往方式，如抢夺玩具、推打小朋友、大声叫喊、强行加入其他小朋友的活动等。其攻击性行为较多，友好行为较少，因而常常被多数幼儿所排斥和拒绝，在同伴中地位低，与同伴的关系紧张。这个类型的幼儿也是最容易受伤和伤到别人的。

（4）一般型

该类型儿童在同伴交往中表现一般，有的同伴喜欢他们，有的同伴不喜欢他们，他们既非为同伴特别地喜爱和接纳，也非为同伴特别地忽视和拒绝，在同伴心目中的地位一般。

上述四种基本类型中，第二类和第三类属于不受欢迎型，而这两类儿童之间也是有区别的，被拒绝的儿童是很不受欢迎的，而被忽视的儿童可能不被欢迎，但未必不受喜欢。从发展的角度看，在 4 ~ 6 岁范围内，随着儿童年龄的增长，受欢迎的儿童人数增加，而被忽视儿童和被拒绝儿童的人数减少。在性别维度上，受欢迎的儿童中，女孩人数明显比男孩多；被拒绝的儿童中，男孩人数明显比女孩多；被忽视的儿童，女孩人数又比男孩多，但男孩也占有一定比例。

（三）教师指导幼儿改善同伴关系的方法

针对同伴关系中处于被忽视和被拒绝地位的幼儿，教师要掌握适当的指导方法，改善其同伴关系。需要注意的是，一些幼儿之所以被忽视，与教师不适宜的教育行为有很大关系。有些教师眼里只有"优秀"幼儿，很少关注发展较慢的幼儿，导致发展较慢的幼儿被忽视。

1. 被忽视者

对这类幼儿，教师不仅不能忽视他们，而且还要以多种方式来帮助他们。例如：① 鼓励其勇敢地表达自己的意见或参与同伴的讨论和游戏。② 给其表现的机会，如帮教师做事（分发美工纸、蜡笔等），或在午餐时帮助教师分发碗筷。③ 引导比较活泼的同伴带领这类幼儿一起活动。④ 主动关心或给予其特别的关注，发掘其才能，让其展现或耐心等待其表现的意愿。⑤ 以游戏的方式鼓励其参与活动。⑥ 与家长联系，以了解幼儿的家庭状况及其在家的表现。

教师要做到经常注意被忽视幼儿，肯定其能力及聪明才智，并给予口头表扬，使其增强自信心，重新认识自己，改变同伴对他们的看法。同时，被忽视幼儿也需要学习适宜的社会技巧，如主动提供帮助、表现友善的微笑、主动接近兴趣相同的同伴等，这些技巧都可以通过教师的指导、演练而获得。此外，教师还应帮助幼儿懂得，不是每个人都一定会在任何时间、地点被任何人接受，偶尔被拒绝并没有关系，还有其他的选择或可以再继续努力。如果是来自家庭的问题，就需要教师与家长共同解决。

2. 被拒绝者

这类幼儿的特质较多样化，教师辅导的方式也因幼儿的个别差异而有所不同。例如：① 建议幼儿保持整洁的外表。② 个别谈话，分析其受排斥的原因，提醒其自我约束，并指导与人相处的技巧。③ 赞美其优点，加强其自信心。④ 安排被拒绝者与受欢迎者一起玩游戏，以起到潜移默化的作用。⑤ 给予他们为班级服务的机会，并当众夸赞其良好的行为，帮助其获得同伴的认同，被同伴接纳。⑥ 以角色扮演、小团体活动等方式，让幼儿有机会表达自己及倾听他人不同的想法或感受。⑦ 请家长配合改善。

（四）同伴关系的发展阶段

1. 早期同伴关系的发展

婴儿在第一年的社会能力的发展超乎我们的想象。例如，到 2 个月时，同伴的出现会引起婴儿的注意，并且他们会相互注视。6 个月前，婴儿对同伴的反应还不具有真正的社会性质，他们可能只是将同伴当作物体或活的玩具来看待，如他们经常会不顾对方疼痛抓对方的头发、脸等。到 6 ~ 9 个月时，婴儿就会发声说话，对着其他婴儿微笑。到第一年末，婴儿会偶尔以微笑、出声地笑和模仿彼此的动作来进行双向交流。1 岁半之后，婴儿之间相互影响的持续时间更长，其内容和形式也更为复杂，合作游戏、互补和互惠的行为在婴儿间也出现了。到第二年末，许多儿童喜欢与同伴一起游戏，花在单独游戏上的时间越来越少。这一时期，在母亲和同伴都在场的情境条件下，儿童更喜欢与同伴玩，与同伴游戏的次数明显多于与母亲游戏的次数。

大量的观察和研究表明，婴儿从出生后的后半年起即开始出现真正意义上的同伴社交行为。婴儿早期同伴交往经历了三个阶段：

（1）客体中心阶段

该阶段婴儿的交往更多地集中在玩具或物品上，而不是婴儿本身。在出生后的第一年内，婴儿大部分社交行为是单方面发起的，一个婴儿的社交行为往往不能引起另一个婴儿的反应。然而，单方面的社交是社交的第一步，当一个婴儿的社交行为成功地引起另一个婴儿的反应时，就产生了婴儿之间的简单的相互影响。

（2）简单相互作用阶段

此阶段的婴儿已经能够对同伴的行为做出反应，并经常企图去控制另一个婴儿的行为，出现社交指向行为。社交指向行为是指婴儿意在指向同伴的各种具体行为，婴儿在发出这种行为时，总是伴随着对同伴的注意，也总能得到同伴的回应。具体有微笑和大笑、发声和说话、给或拿玩具、身体接触（如抚摸、轻拍同伴的身体等）以及较大的运动（如走到同伴旁边，开始跑开）、玩与同伴相同或相似的玩具等。这些行为的目的都在引起同伴的注意，与同伴取得联系。这一阶段的婴儿就是通过这种行为来积极地寻找自己的同伴，同时，对同伴的行为做出反应，相互影响。

（3）互补的相互作用阶段

在这一阶段，婴儿同伴间的行为趋于互补，出现了更多更复杂的社交行为，相互间模仿已较普遍，婴儿不仅能较好地控制自己的行动，而且还可以与同伴开展需要合作的游戏。此阶段婴儿交往最主要的特点是，同伴之间的社会性游戏数量有了明显的增长。

2. 幼儿期同伴关系的发展

（1）非社会活动阶段

无参与者或旁观者的行为，或独自游戏。

（2）平行游戏阶段

共同分享相似玩具，但无交流。

（3）社会交往阶段

包括两种真正意义上的社会交往行为，即联合游戏和合作游戏。

儿童的社会交往虽然具有阶段性，但这并不意味着儿童在进行下一个阶段的游戏中就不再出现上一阶段的游戏，它们往往是混杂在一起的。进入幼儿园后，儿童与同伴的接触时间增加，他们不再把成人作为唯一的依靠对象，而开始主动寻求同伴，喜欢和同伴共同参与一些活动，且与同伴的交往比以前密切、频繁和持久。幼儿期同伴交往主要是与同性别的儿童交往。

三、游戏与交往技能的发展

（一）游戏理论

自19世纪下半叶至今，国外有许多的心理学家研究儿童游戏。由于各研究者指导思想及方法论的不同，所采用的心理学理论不同，以及研究的角度及实验的对象不同，同时也由于所处的时代及心理学发展水平不同，因而形成了各种不同的游戏理论。按照产生的时间，游戏理论被分成早期的游戏理论和现代的游戏理论。

1. 早期的游戏理论

（1）精力过剩论（剩余精力说）

精力过剩论的代表人物是德国思想家席勒和英国社会学家、心理学家斯宾塞。游戏是由于机体内剩余的精力需要发泄而产生的。生物有维护自己生存的能力，身体健康的儿童除了维持正常生活外，还有剩余的精力。过剩的精力必须寻找方法去消耗它，而游戏是释放剩余精力的最好形式。剩余精力愈多，游戏就愈多。低等动物用于维持生命的精力较多，剩余精力较少，所以没有游戏或很少游戏。高等动物用于维持生命的精力相对少，剩余的精力多，就有游戏的需要。因此，他们把人类的活动分成两种：一种是有目的的活动，被称为工作；一种是无目的的活动，被称为游戏，即精力发泄。

（2）娱乐论（松弛说）

娱乐论的代表人物是德国哲学家、心理学家拉扎鲁斯。游戏不是发泄精力，而是松弛、恢复精力的一种方式。艰苦的脑力劳动使人身心疲劳，这种疲劳需要一定的休息和睡眠才能消除，然而只有当人解除紧张状态时，才可能得到充分的休息和睡眠。游戏和娱乐活动可使机体解除紧张状态，恢复精力，促进健康，所以人需要游戏。

（3）复演论（种族复演说）

复演论的代表人物是美国心理学家霍尔。他认为游戏是远古时代人类祖先的生活特征在儿童身上的复演，不同年龄的儿童以不同形式重演祖先的本能活动。如8～9

岁是女孩复演母性的本能时期,她们爱玩洋娃娃;6~9岁是男孩狩猎本能的复演期。他肯定了人类的文化发展阶段与儿童游戏的发展阶段具有对应的关系:动物阶段反映在儿童的爬行和蹒跚行走期;野蛮阶段反映在儿童玩投掷、追逐、捉迷藏等活动中;农业和家长式阶段表现为儿童使用玩具的活动和沙滩挖掘的活动;部落阶段则表现为儿童的小组竞赛活动。

霍尔在假定游戏的发展过程同种族的演化过程相吻合的基础上,指出了游戏的意义或目的。儿童通过游戏重演史前的人类祖先到现代进化的各个发展阶段,在游戏中根除史前状态的动物残余,让个体摆脱原始的、不必要的本能动作,从而为复杂的当代活动做准备。

(4)生活预备说(能力练习说)

德国哲学家格罗斯从"本能论"的观点出发,提出了儿童游戏是对未来生活的一种无意识准备,是为成熟做预备性练习的"生活预备说"或"能力练习说"。他认为,游戏的功能是帮助个体练习维持生存的基本技巧,以便为将来的生活做准备。

早期的游戏理论基本上肯定了游戏是儿童的一种重要活动,是儿童心理发展的重要力量。这对于改变人们长期形成的轻视游戏的传统观念和习惯是具有重要意义的,而且理论本身从不同的侧面对游戏产生的原因与意义进行了解释,为后来的研究奠定了基础。但这四种理论仍有其局限性,如较多地受生物进化论的影响,基本上都是从本能、欲望,从生物学的角度来解释和分析游戏,具有片面性,缺乏科学的实验基础。

2. 现代的游戏理论

(1)精神分析学派的游戏理论

精神分析学派的游戏理论,又称发泄论或补偿论。在现代西方心理学的理论流派中,精神分析学派是最重视游戏的一个派别。精神分析学派的创始人弗洛伊德以及后来的追随者们,或多或少地都论述了儿童的游戏问题。精神分析学派之所以重视游戏,与这个学派的基本理论有关。

精神分析学派认为,一切生物生存的基础是一些与生俱来的原始冲动和欲望,这些冲动和欲望在动物界可以以赤裸裸的形式直接表现出来,比如可以随意争抢,甚至可以随意发生性行为。但在人类社会,由于受到社会道德规范的约束,不允许这些潜意识里的冲动和欲望直接表现出来。当这些被压抑在潜意识里的冲动和欲望累积起来时,将会不自觉地寻找出路,以做梦、幻想、口误等潜意识表现加以发泄。儿童天生也有种种内在的需要和欲望需要得到满足、表现和发泄,但由于生存的客观环境所限,儿童不能为所欲为,以至于他们的内在需要不能完全满足,从而内心产生压抑或抑郁。这样一来,儿童容易出现发脾气等各种不良行为。而游戏就是表现这些原始的、受压抑的冲动和欲望的隐晦曲折的最好的一种方式,是可供个人支配的自由天地与领域。

因此，儿童可以在游戏中发泄情感，减少忧虑，发展自我能力，以应付现实环境，补偿现实生活中不能满足的欲望和需要，从而使身心全面、健康发展。

精神分析学派强调早期经验对健康的成年生活的重要性，强调游戏对于人格发展、心理健康的价值。但该理论仍有其局限性：第一，具有明显的临床诊断色彩，其理论来源于对个别儿童的研究，研究结论不具有普遍性。第二，具有明显的主观臆测倾向，不具有科学性。

（2）皮亚杰认知发展的游戏理论

认知发展学派的代表人物是瑞士著名心理学家皮亚杰。近几十年来，他的认知发展理论对学前教育影响非常大。皮亚杰试图在儿童认知发展总的框架中来考察儿童的游戏，认为许多游戏理论之所以不能正确解释游戏这种儿童早期所有的现象，主要原因是这些理论都把游戏看作是一种孤立的机能或活动。在皮亚杰看来，游戏是一种在已有经验范围里的活动，是对原有知识技能的练习和巩固，是智力活动的一个方面，也是智力发展的一种手段。

皮亚杰认为游戏的发展受儿童认知水平的制约，并与儿童认知发展阶段相适应。在感知运动阶段，儿童的游戏表现为不断重复习得的动作或活动，被称为练习性游戏阶段。到了前运思阶段，儿童的游戏超出了当前的范围，突破了时空的限制，表现为一种象征性游戏，成为幼儿阶段最为典型的游戏。它通过同化作用来改变现实，以满足自我在情感方面的需要。到了具体运算阶段，规则游戏开始发展。

皮亚杰的游戏理论开拓了从儿童认知发展的角度来考察儿童游戏的新途径，成为20世纪60年代以后游戏与儿童认知发展关系研究的直接催化剂。他研究的终点成为人们进一步研究游戏与儿童认知发展关系的起点，并由此引发出一系列游戏与儿童认知发展的实证研究，极大地丰富了人们对儿童游戏的认知发展价值的认识。皮亚杰非常重视游戏的情感发展价值，认为游戏是儿童解决情感冲突的一种手段，但这一理论也存在着明显的不足。皮亚杰研究儿童游戏，只是试图从游戏这一侧面说明儿童认知发展的特征。这一思想出发点导致他认为游戏只是认知活动的衍生物，而否认游戏是独立的活动形式；只强调认知发展对游戏的制约作用，却忽视了游戏对认知发展的促进作用。

（3）社会文化历史学派的游戏理论

社会文化历史学派，也称维列鲁学派，代表人物有维果茨基、列昂节夫、鲁利亚、艾里康宁等，他们在阐述自己的心理学思想时都或多或少地涉及儿童游戏的问题，以辩证唯物主义和历史唯物主义为基础，创造了从根本上区别于西方心理学的游戏理论。

对于儿童的游戏，社会文化历史学派有这样几个基本观点：① 活动在儿童心理发展中起主导作用。② 游戏是学前期的主导活动。③ 强调游戏的社会性本质，反对本能论。儿童的游戏，无论就其内容还是结构来说，根本不同于幼小动物的游戏，它具有社会历史的起源，而不是生物学的起源。社会形成和推行游戏的目的，是教育和培养儿童参加未来的劳动活动。④ 强调成人的教育影响。游戏作为学前儿童的主导活动，本身也是在儿童与成人的交往中、在成人的教育与影响下、在与成人的关系发生改变的情况下逐渐发生和发展的。

社会文化历史学派的游戏理论很有特色，它的最大特色在于：不满足仅在理论上的探讨与描述儿童游戏发生发展的现象和规律，而是注重于将理论上的研究成果广泛地运用到指导儿童身心发展的游戏实际活动中，指导教师组织儿童开展游戏。当然，这一理论也不是没有缺点的，如关于游戏的社会起源的解释，以及儿童必须在成人的示范和指导下才能改变物体的名称，才能用角色称呼自己等观点过于偏激。儿童的游戏，虽然不能脱离社会生活环境，不能缺少成人的影响，但是这是否会削弱儿童的自主性却值得怀疑。

（二）游戏对学前儿童发展的作用

游戏是幼儿的基本活动形式，是幼儿的"第二生命"，幼儿的游戏是对已有经验的重复练习与在已有知识基础上的挑战，对幼儿的身心发展具有重要作用。

1. 游戏促进幼儿身心愉悦

娱乐功能是游戏的原生功能。在游戏中，幼儿是活泼愉快的。从游戏的过程来看，游戏充满着轻松和自在，幼儿全身心地投入游戏中，没有来自外在的束缚和压力，并保持着兴奋、觉醒的状态。从游戏的内容来看，它本身充满着怪异与诙谐，游戏的内容是对现实的模仿和创造，幼儿在平凡的生活行为中加入刺激、新鲜的因子，让游戏内容更为丰富。从游戏的结果来看，它没有任何外在的目的，只是一种获得愉快的手段，而不是达到某种目标的努力。

2. 游戏促进幼儿身体发展

游戏有助于促进幼儿生长发育。通过游戏，幼儿可以增强体质、恢复精力。幼儿在游戏中开心地跳跃，锻炼着肌体的各种器官，促进身体血液的循环、高级神经活动的发展。如"跳房子""跳皮筋""走平衡桩"等游戏，既能增强幼儿的弹跳能力，又能训练幼儿的平衡能力。

3. 游戏促进幼儿认知发展

儿童通过游戏可以获得知识经验、巩固技能技巧、促进思维发展、提高智力水平、优化认知结构，同时获得有效的学习方法和策略，并有利于良好的学习动机和学习态度的形成和发展。儿童游戏的发展依赖于认知水平的提高，游戏水平的提高又反过来促进了认知的发展与完善。幼儿在游戏过程中遇到困难时，会认真分析当前的困境，尝试运用各种办法解决难题，从而培养幼儿分析问题和解决问题的能力；幼儿通过对游戏进行改编和创新，以满足自己更高的追求。在此过程中，幼儿的思维、想象力都会得到相应的发展。例如，幼儿在玩棋类游戏、搭积木、堆沙土、剪纸等过程中，自身的观察力、智慧、动作、策略等都会得到综合运用和发展。

4. 游戏促进幼儿语言发展

游戏不仅使语言理解深刻化，而且使语言的交际功能和调节功能获得发展。在幼儿与同伴交流、协商的过程中，幼儿的倾听能力、独白语言能力、自我调节的能力会在无形中初步形成，并逐步发展。游戏中幼儿需要与他人交流思想，协商解决问题的办法，因此，幼儿必须能理解他人观点，恰当表达自己的想法。例如，在"上课游戏"中，儿童模仿老师与学生对话，把自己假想成教师，在言语行为都要符合他心目中老师的样子，语音、语调与平时完全不同，这能促使儿童语言快速发展。

5. 游戏促进幼儿社会化

游戏可以促进幼儿与同伴相互交流与理解、相互学习与提高，可以推动社会信息传播和文化传递，最终实现儿童自我的社会化。游戏使儿童了解自己和他人的愿望、思想、感情等，相互交流经验，体验角色责任，增强了幼儿的自我意识。游戏使儿童扮演各种不同的社会角色，促进幼儿理解人们之间平等友好的关系，开始学会通过分享、协商、谦让和互助等行为方式，逐步建立良好的同伴关系。游戏的社会化功能主要表现在以下三个方面：

（1）游戏促进幼儿性别角色社会化

一方面，游戏可以促进儿童性别认同，使其获得性别同一性；另一方面，游戏可以帮助儿童逐渐学习社会期望对男性和女性的行为要求，并利用这些信息指导和控制自身的行为，适应社会交往。

（2）游戏促进幼儿情感社会化

儿童情感社会化包括两个方面：一是情绪社会化，即情绪中社会性交往成分增加，情绪的社会动因增加，表情的自我控制与调节的社会性加强；二是人际感情的发展，即依恋的发展。

（3）游戏促进道德社会化

游戏能够促使儿童掌握社会道德规范，提高道德认识，内化社会规范。在规则游戏中，儿童不仅可以学习特殊的游戏规则，还可以了解一般的社会规则。如"丢手绢"游戏可以使儿童懂得顺序、轮换和合作等。

（三）学前儿童游戏的分类

关于学前儿童游戏的种类，长期以来都未形成定论。由于研究者们各自不同的研究目的和其所依据的不同理论，他们在对游戏进行分类时都侧重某一个角度，因而出现了各种各样的游戏分类。

1.按照儿童游戏的认知特点分类

（1）感觉运动游戏

感觉运动游戏又称为练习性游戏。它是儿童最早出现的一种游戏形式，一般适合0～2岁儿童。儿童主要是通过感知和动作来认识环境、与人交往的，他们的游戏最初是通过将自己的身体作为游戏的中心，逐渐地摆弄与操作具体物体，并不断反复练习已有动作，在简单和重复的练习中，尝试发现与探索新的动作，从而使自身获得发展。婴幼儿在反复地、成功地摆弄和练习中，获得愉快的体验。游戏的驱动力就是获得"机能性的快乐"，"动"即快乐。该游戏的主要表现形式为徒手游戏或重复地操作物体的游戏。

（2）象征性游戏

象征性游戏是2～7岁儿童最典型的游戏形式。象征即用具体的事物表现某种特殊意义，游戏中出现了象征物或替代物。儿童把一种东西当作另一种东西来使用，即"以物代物"；把自己假装成另一个人，即"以人代人"，是象征的表现形式。象征性游戏的主要特征是模仿和想象，角色游戏是其主要的表现形式。最常见的"过家家""医院""商店""公共汽车"等游戏，都借助了一些替代物品，通过扮演角色并反映种种社会生活、场景和人物。通过象征性游戏，儿童可以脱离当前对实物的知觉，以象征代替实物并学会用语言符号进行思维，体现着儿童认知发展的水平。

（3）结构性游戏

结构性游戏又称建构游戏或造型游戏，它是儿童利用各种不同的结构材料来建构、反映现实生活中的物体的活动。这类游戏有三个基本特点：①以造型为基本活动，往往以搭建某一建筑物或物品为动因，如搭一座公园的大门、建一个汽车的模型等。②活动成果是具体的造型物品，如飞机、坦克、高楼、卡通形象等。③它与角色游戏存在着相互转化的密切关系。

（4）规则性游戏

规则性游戏是一种由两人以上参加的，以游戏规则裁判胜负的，具有竞赛性质的游戏。它包括智力性质的竞赛、动作技巧方面的竞赛、运动能力一类的竞赛等。这类游戏是儿童四五岁以后才开始接触的。研究表明，幼儿中期的儿童能按一定的规则进行游戏，但是也常常会出现因为自己的兴趣或好恶，而忘记或破坏规则的现象。年龄大一点的儿童，不仅能较好地开展这类游戏，还能较好地理解与坚持游戏的规则，并运用规则约束参加游戏的所有成员。由于规则本身具有不同的复杂程度，动作技能的要求不同，这类游戏可以从幼儿时期一直延续到成人阶段。

2.按照儿童游戏的社会性特点分类

（1）独自游戏

独自游戏又称单独的游戏。儿童独自玩玩具，所使用的玩具与周围其他儿童不同。

儿童只专注于自己的活动，不管别人在做什么，也没有做出接近其他儿童的尝试。

（2）平行游戏

儿童仍然是独自玩玩具，但他所玩的玩具同周围儿童所玩的玩具是类似的，且他在同伴旁边玩，而不是与同伴一起玩。他们能意识到别人的存在，相互之间有目光接触，也会看到别人怎么操作，甚至模仿别人，但彼此都无意影响或参与到对方的活动之中，既没有合作的行为，也没有共同的目的。

（3）联合游戏

儿童仍以自己的兴趣为中心，但开始有较大的兴趣与其他儿童一起玩，同处于一个集体之中开展游戏，时常发生许多如借还玩具、短暂交谈的行为，但还没有建立共同目标，儿童仍做自己愿做的事情。

（4）合作游戏

儿童以集体共同目标为中心，在游戏中相互合作并努力达到目的。游戏中有明确的分工、合作及规则意识，有一到两个游戏的领导者。例如，在"小医院"游戏中，有人当医生，有人当护士，还有人扮演患者，角色相对稳定，且能相互协调。

在学前儿童的游戏活动中，平行游戏和联合游戏较多，到学前晚期，才开始出现有组织的合作游戏。游戏水平的提高反映了儿童社会性交往能力的发展。

3. 按照游戏的教育作用分类

（1）创造性游戏

创造性游戏是以幼儿自由创造为主的游戏。在游戏中，幼儿完全可以按照自己的需要、兴趣和意愿进行活动，不受外部规则的约束，具体包括角色游戏、结构游戏和表演游戏。

（2）规则性游戏

规则性游戏是指以教师组织和创编为主的游戏。游戏中幼儿的行为必须受到规则的限制，即游戏有明确的规则，幼儿必须服从规则所要求的步骤、玩法进行活动，不得违反规则。游戏的结果是幼儿在游戏中要努力达到的目的。此类游戏常常是为教学服务的，包括体育游戏、音乐游戏和智力游戏等。

（四）在游戏中培养幼儿的交往技能

社会交往技能是人的社会性当中最重要的内容之一。它指的是人在与别人进行交往时，所表现出来的运用口头语言、身体语言、情绪和认识等方面的技能。人际交往和社会适应是幼儿社会性发展的基本途径。幼儿的社会性主要是在日常生活和游戏中，通过观察和模仿潜移默化地发展起来的。幼儿期是儿童社会性发展的关键时期，游戏作为该阶段儿童的主导活动形式，能够促进儿童社会交往技能的发展。通过游戏活动，让幼儿模仿现实生活，再现社会中的人际交往，练习社会交往的技能，在不知不觉中提升幼儿的交往能力。

1. 通过游戏培养幼儿交往的意识

采用游戏的形式，有目的、有计划地向幼儿介绍有关交往的知识，指导幼儿进行交往，使幼儿建立交往的意识，形成积极的交往态度。比如，刚入幼儿园的幼儿，面对陌生的环境，容易哭闹，而他们又比较喜欢玩积木等游戏，因此，幼儿园给孩子准备的玩具较多，孩子们大多都是自己玩自己的，互不联系。经过一两个月后，为了促进孩子之间的交往，可以让孩子们分组游戏，一组玩一种玩具，这就需要孩子们合作，共同使用一种玩具，学会分工、协作，共同完成游戏。在游戏过程中，教师要有意识地鼓励幼儿多交往，让他们自己找伙伴，相互合作，让他们在游戏中感受到交往的重要性。

2. 通过游戏培养幼儿交往的兴趣与能力

游戏是幼儿最喜欢的活动，也是相互交往的好方式。角色游戏具有群体性，是幼儿对社会生活的一种再现，幼儿通过自己的或与同伴的共同活动，把最感兴趣的事情反映出来，从中学会共处，学会合作。可以让幼儿分别扮演不同的角色，在特定的情境中去体验他人的感受。比如，教师在带孩子参观医院、超市、银行、菜市场后，可以在活动室设立"娃娃家""医院""菜市场"等模拟区域，扩大幼儿的活动空间。通过师生、生生、幼儿与区域环境的互动，让幼儿逐步了解和掌握社会行为规范，摆脱"以自我为中心"的意识，同时，学习掌握不同角色之间的交往方式。如"娃娃"与"长辈"的交往、"医生"与"患者"的交往、"营业员"与"顾客"的交往等，孩子们在你来我往中保持愉快的心情，能激发幼儿的交往兴趣，从而提高交往的能力。此外，幼儿在游戏中扮演各种角色，可逐步了解角色的特点与职责，知道社会交往的行为准则，进而增强同情心和责任感，养成乐于助人的良好品德。例如，"公共汽车"的"售票员"会把"爷爷""奶奶"扶下车。

3. 通过游戏让幼儿学说、敢说、乐于说，从而促进幼儿之间的交往

游戏是让幼儿根据自己生活的经验和意愿，模仿成人劳动和交往的一种创造性活动。它是幼儿自己教育自己，自己培养自己，从而促使其承担社会角色责任和遵守社会角色规范的一种自我教育活动。游戏可使幼儿在人际交往实践中获得更多的语言表达机会，有助于幼儿逐步积累交往的技能和经验，体会交往的乐趣。通过游戏，可以激发幼儿的兴趣，让幼儿乐于说。另外，教师还可以适时增加游戏的内容，不断扩大幼儿的交往范围。

4. 解决游戏中的冲突，增强交往能力，帮助幼儿学习交往的语言

在与同伴的游戏活动中，幼儿会不可避免地与同伴之间产生矛盾和冲突，如有的幼儿在活动中撞倒了对方或踩痛了对方，连一句"对不起"都不说，缺乏基本的礼貌。

所以，基本的同伴交往要学会礼貌用语。在游戏过程中，教师应引导幼儿用合适的语言表达自己的想法，学习用语言与同伴沟通的技能。有的幼儿较胆怯，羞于交往，害怕对方拒绝自己，但其内心是渴望与同伴一起说笑、游戏的。这时，教师可以请几个能力强的幼儿主动邀请胆小的幼儿参加游戏，还可以带着胆小的幼儿参与到同伴中，慢慢地幼儿的胆子大起来，就不再害怕交往了。有些幼儿占有欲很强，什么东西都爱放到自己前面，不会谦让。对此，教师可以教幼儿一些协调同伴关系的方法，如协商、合作等。

总之，在游戏中培养幼儿的交往能力，不是一朝一夕的事。在生活中，教师要做个有心人，时时处处为幼儿创设各种交往的机会，鼓励他们自主选择、自由结伴开展活动，体验与人交往的快乐。教师还可以结合具体情境，指导幼儿学习交往的基本规则和技能。

第四节　学前儿童道德的发展

道德是一种社会意识形态，代表着社会的正面价值取向，以善恶为标准，通过社会舆论、内心信念和传统习惯来评价人的行为，调整人与人之间以及个人与社会之间相互关系的行动规范的总和。基于此，个体会对表现出合乎道德规范的行为感到自豪，对违反道德规范的行为感到内疚或产生其他的负面情绪体验。作为社会成员之一，每个个体都需要形成一套符合社会道德规范要求的行为和价值体系，然而个体出生时，对此一无所知。因此，在其成长发展过程中，将会经历逐渐掌握社会道德规范，并内化为自己的道德信念与言行的过程，这一过程就是道德发展。

从道德品质形成的心理过程来看，学前儿童道德发展包括以下几方面内容：道德认知的发展、道德情感的发展、道德行为的发展和道德自制力的发展。

一、学前儿童道德认知的发展

（一）皮亚杰的道德认知发展理论

皮亚杰是第一个系统追踪研究儿童道德认知发展的心理学家，于1932年出版的《儿童道德的判断》一书，被视为儿童道德发展研究的里程碑。在这本著作中，皮亚杰详细阐述了他的研究方法及观点。

1. 三个研究主题及结果

皮亚杰主要通过对偶故事法等临床谈话法，以此了解儿童对规则的态度，对行为责任的道德判断，以及儿童心目中的惩罚问题等，进而探寻和总结儿童道德发展的规律。具体而言，主要围绕着以下三个主题开展研究，洞悉不同年龄阶段儿童的道德认知状况。

其一，儿童对游戏规则的理解和遵守状况。

皮亚杰通过对瑞士 3 ～ 13 岁的儿童玩弹球的研究来了解儿童遵守规则的特点。他在研究中通常会向儿童询问这些问题：这些规则是从哪里来的？每个人是否都要遵守规则？这些规则可以改变吗？结果发现，3 岁儿童玩弹球游戏并无规则可言，也不能说出游戏规则；3 ～ 5 岁的儿童通过模仿大龄儿童对游戏规则的遵守，从而出现按照规则约束自己行为的现象；6 ～ 10 岁的儿童常将游戏规则视为一成不变的，很难更改规则；11 ～ 13 岁的儿童则会酌情考虑调整游戏规则，以便更好地适应新游戏情境。

其二，儿童对过失的判断状况。

对于儿童过失判断的阶段特点的研究，皮亚杰采用颇有特色的蕴含道德价值内容的对偶故事，并通过详细的询问，深入了解儿童对故事的理解。

故事 A：有一个小男孩叫朱利安，他的父亲出去了。朱利安觉得玩爸爸的墨水瓶很有意思，于是他拿着墨水瓶玩。后来，他把桌布弄上了一小块墨水渍。

故事 B：一次，一个叫奥古塔斯的小男孩发现他父亲的墨水瓶空了，在他父亲外出的一天，他想帮爸爸把墨水瓶灌满，这样他爸爸回来就可以用了。但在打开即将空了的瓶子时，他不小心在桌子上弄了一大块墨水渍。

待研究者向儿童讲述或呈现了类似的故事后，研究者会向儿童提问：请判断故事中孩子的过失是否相同？这两个孩子中，哪个更"坏"些？为什么？结果显示：六七岁以下的儿童大都认为奥古塔斯过错更大，因为他弄了一大块墨水渍，而朱利安只弄了一小块墨水渍；而六七岁以上的儿童则认为奥古塔斯过错小，因为他是为了帮助爸爸而无意犯的过错，朱利安则是顽皮导致的。

六七岁以前的儿童，在判断过失时，倾向于考虑行为的结果，从造成损失的数量和程度来确定行为是否有过错及过错大小；而六七岁以上的儿童，才会从行为的动机来考虑行为本身的对错。

其三，儿童对谎言的理解状况。

依然是采用对偶故事法，皮亚杰以此考察不同年龄段儿童对谎言理解存在的差异。

故事 A：甲在回家的路上碰到了一条狗，非常害怕。他跑回家里告诉妈妈说，他碰到了一只像牛一样大的狗。

故事 B：乙放学回家，告诉妈妈说老师给了他一个高分数。事实上，老师既没有给他高分数，也没有给他低分数。可是他这么说，妈妈很高兴，表扬了他。

皮亚杰及助理汇总所有的谈话结果，发现儿童在对谎言的理解与过失的判断状况上存在相似性。六七岁前的儿童会认为甲更"坏"一些，因为不可能有那么大的狗；而六七岁以后的儿童会认为乙更"坏"一些，因为他是故意欺骗妈妈。换言之，六七岁儿童在对待谎言的认知上，更易于根据言谈内容与事实的相符程度，来判断谎言的严重性，差异越大，则认为谎言的性质越恶劣；六七岁以后的儿童，则会从行为意图的好坏来判断。

2. 皮亚杰的道德认知发展阶段理论

皮亚杰综合了儿童"对游戏规则的理解与遵守状况、对过失的判断状况和对谎言的理解状况"这三个主题所显示的研究结果，以及与之相关的解析，将儿童的道德认知发展分为三个阶段：

第一阶段：前道德阶段，也叫无律阶段。四五岁之前的儿童没有道德规范概念，道德价值混乱，分不清是非对错，黑白曲折，也因此缺乏公正、义务和服从等道德行为的判断标准。另外，这个阶段的儿童，也无游戏规则意识，常常按照自己的想象去认识和执行游戏各环节，所以很难遵从既定的规则。这一切道德认知现状的根源与儿童的自我中心特点密不可分。

第二阶段：道德实在论阶段，也称他律阶段。属于这个阶段的儿童年龄一般在四五岁到八九岁。其道德认知的核心特点即为"他律"，这也就意味着"在他人的控制之下"，儿童深信权威，对诸如父母、老师和警察等确立的规则绝对服从。因此，儿童在解释自己的行为时经常会出现如下的表达方式："老师要求……""爸爸妈妈规定……"。另外，处于这个阶段的儿童，在评判是非时，保持一种非黑即白的信念和态度，表现出极端性地认同或否定。"处于他律阶段"的儿童还有一个特点，在判断是非对错时，倾向于以行为结果，而非以行为动机来定夺行为对错。最后，他律的儿童也偏爱赎罪性惩罚，而并不考虑不良行为与惩罚本身的关系。

第三阶段：道德主义观念阶段，也称自律阶段。十岁以后的儿童处于这个阶段。所谓自律，即这个阶段的儿童并不是在成人的威慑下去遵从某些规则，而是自觉自愿，且有选择地遵从，并且能清晰认识到这些规则是人为制定的。因此，可以根据实际情况调整，使规则更灵活化、人性化。另外，对于过失行为的惩罚态度，这个阶段的儿童会综合考虑行为动机和结果，而后设立与行为本身密切联系的适当的惩罚，并且也会根据行为实施者的年龄特征，来选择与之匹配的惩罚方式。

3. 对皮亚杰道德认知发展理论的评价

皮亚杰对儿童的道德认知发展做了系统而深入的研究，其研究结果有助于人们了解儿童的道德发展特点和规律。当然，皮亚杰的道德认知发展理论也存在一定的局限性。突出的问题表现在：皮亚杰认为儿童道德认知从一个阶段到另一个阶段有着固定不变的发展顺序，事实上，皮亚杰低估了学前儿童的道德认知能力。因为有研究发现，如果给儿童描述的故事情境是他们可以理解的，六岁左右的儿童也能够考虑行为实施者的动机。另外，皮亚杰的对偶故事法中所罗列的故事，其行为结果的设计存在偏差，往往两个故事的结果存在较大的差异。例如,"弄了一小块墨渍和弄了一大块墨渍""摔碎了 1 个杯子和摔碎了 15 个杯子",这些故事会无意诱导儿童更关注行为的结果,而忽略了行为的动机和意图。若在设计故事时,将两则故事的行为结果设计成一致的,只是在动机方面显出差异,那么儿童还是能够觉察出行为动机的本质区别,进而做出合理的判断。

(二)科尔伯格的道德认知发展理论

科尔伯格吸纳了皮亚杰道德认知发展理论的精髓,并着力道德发展与道德教育的研究,其被视为当代最有影响力的道德发展理论专家。

1. 科尔伯格的研究方法和主要观点

科尔伯格和皮亚杰一样,主要是以故事为载体开展临床谈话法,但与皮亚杰采用对偶故事的形式不同,科尔伯格则采用的是两难故事的形式,其中比较经典的两难故事如下:

在欧洲,一位妇女得了一种特殊的癌症,濒临死亡。医生认为,有一种药也许可以挽救她的生命。这种药是本城一位药剂师最近发现的一种镭剂,造价昂贵,但药剂师却还以高于成本 10 倍的价格出售。药剂师花 200 美元买镭,而一小剂药却索价 2000 美元。病人的丈夫名叫海因茨,他向每个相识的人借钱,但他只能筹集到大约 1000 美元,只是药价的一半。海因茨告诉药剂师他的妻子就要死了,请求药剂师便宜一点把药卖给他,或允许他以后再付钱。但是,这位药剂师却拒绝了,并说:"我发明这种药,就是要靠它来赚钱的。"海因茨绝望了,想闯入那人的药店为他的妻子偷药。他应该这样做吗?

科尔伯格通过两难故事法,向不同年龄阶段的儿童及青少年提出与之有关的问题,其目的不是停留于了解他们对这个故事在反应上存在的差异,而是探寻是怎样的原因导致个体对同一问题的回答不同。他根据研究结果,提出了著名的道德发展理论。该理论将道德发展分为三种水平和六个阶段。

(1)第一级水平——前习俗道德(0~9岁)

在这级水平里,儿童注重自我满足以及对自己造成的后果,因而他们通常是为了避免惩罚或获得奖赏,才去遵从权威制定的规则。

第一阶段:惩罚和服从定向。

这个阶段的儿童认为规则是由权威者制定的,因此应无条件服从和遵守,否则将会遭到惩罚,并且极为关注行为的结果,若因某种行为遭到惩罚,那么他便认为这种行为是错误的,且惩罚越严厉,就会认为这种行为越离谱;而如果因某种行为得到表扬或奖励,儿童就会认为这种行为是正确的。因此,从本质上而言,该阶段儿童缺乏的是非善恶的道德评价标准。

科尔伯格在与儿童的谈话中发现，对两难故事中海因茨的行为持赞成或反对的观点有以下相似的内容：

赞成者：海因茨应该去偷，因为不偷，妻子家的人就会来打他。

反对者：海因茨不应该去偷，因为偷东西是违法的，被抓住就会受到严厉的惩罚。

第二阶段：相对的享乐主义。

此阶段的儿童，在判断行为的对错时，常用的参考标准是行为能否满足自己的某种需要。换言之，儿童会因为某种行为能满足个体的需要，或能获得某种收益或奖赏，就认为这种行为是适宜的，否则认为该种行为是不恰当的。总而言之，就是儿童自我中心的思维特点，主导他们从自己的立场和利益出发，来判断行为的正误。

科尔伯格在与此阶段儿童的谈话中归纳出：大部分的儿童都持赞成意见，普遍认为海因茨应该去偷，因为妻子过去替他做饭、洗衣，所以海因茨应该帮助她。同时，丈夫有照顾妻子的义务和责任，只要海因茨愿意，药剂师又无理，他就应该去偷。

（2）第二级水平——习俗道德（9～15岁）

一般而言，很多儿童和青少年的道德认知处于这个水平，其主要特点是为了赢得他人认可和维持社会秩序，逐渐将社会道德规范内化为自己的行为价值系统，并能在一定程度上自觉遵守道德规范。因此，社会奖励和回避伤害成为驱使某种行为的动机。

第三阶段：好孩子定向。

在这个阶段，儿童常以"好孩子"的标准来约束和评价行为，将所有被他人认可、接纳、喜欢和尊重的行为视为良好行为。因此，只要生活中被家长或老师所赞赏的行为，或能关心和帮助他人，或能与他人保持和谐关系的行为，都是这个阶段儿童极力认同和效仿的。当然，他们也开始关注他人行为背后的情感和动机，由此来判断行为的善恶。

这一阶段的儿童在回答两难问题时，持有的不同观点如下：

赞成者：海因茨应该偷，因为他是为了救妻子，初衷是好的。

反对者：海因茨不应该偷，因为偷盗的这个行为与好孩子的行为标准不符合。

第四阶段：维持社会秩序。

顾名思义，这个阶段的儿童或青少年，关注的重点是维护社会普遍的秩序，认为每个人都应当承担对他人或社会应尽的责任和义务。那些遵守社会秩序、履行职责的行为被视为良好行为，而那些违反社会秩序、逃避责任、给他人带来损失或伤害的行为，则被视为恶劣的行为。

处于这一阶段的儿童或青少年在回答两难问题时，普遍的观点是，无论海因茨挽救妻子的行为动机如何，都不应该违反法律。如果人人都这样，社会秩序就混乱了。

（3）第三水平——后习俗道德（15岁以上）

处于最高道德发展水平的个体注重并坚持自己的道德信念，并以此指导自己的行为。而当道德与法律出现冲突时，内心深处会以公平原则为导向判断行为的对错，这时究竟是以法律还是道德为准绳，在不同年龄阶段会有截然不同的取向。

第五阶段：社会契约取向。

在这一阶段，个体往往对法律存在困惑和质疑。一方面，他们认为法律是反映社会成员共同意志和促进人类幸福的工具，法律的执行应得到保障，个人应自觉遵守法律；另一方面，当法律与人类需要或生命权利相违背时，个体又觉得有必要生成一个比法律更适用的社会契约。

针对科尔伯格的两难故事，处于这个阶段的儿童往往会认为，虽然海因茨偷药触犯了法律，但是他偷药是为了挽救人的生命，无可厚非。

第六阶段：普遍的伦理原则。

此阶段的个体，在法律和道德存在矛盾时，将人类生存与幸福、公平正义等重要性凌驾于法律之上，认为此刻可以放弃法律或所谓的社会契约，应建立基于良心的，且广泛认同，并具有普遍意义的是以人类生存和发展为最高价值取向的公平原则。

处于这个阶段的个体，会认为海因茨的行为是正确的，因为人的生命高于一切，生命的价值高于财产的价值。

2. 科尔伯格理论的评价

科尔伯格通过两难故事法的研究结果，较为系统而完整地勾勒出了儿童道德认知发展的顺序，并指出这些水平和阶段是严格按照一定的序列递进的，不会倒退也不会跨越，这一观点在此后其他心理学家的研究中找到了有力的证据。然而，科尔伯格的研究也不并完善。例如，他的理论中所涉及的最后两个阶段的道德认知状况，后来的心理学家通过研究发现，这两个阶段似乎仅属于假设，尤其是最后一个阶段，几乎很难找到例证。

（三）两大因素对学前儿童道德认知发展的影响

学前儿童道德认知的发展受多重因素的影响，总括而言，可分为两大因素，即个体因素和环境因素。

1. 个体因素

个体因素是指个体在成长过程中，自身内在因素对其发展的影响。所以，影响学前儿童道德认知发展的个体因素，就是学前儿童的内在因素。其核心成分是思维，这一因素对学前儿童道德认知的影响主要表现如下：

学前儿童的思维，在5岁之前，基本是直觉动作思维和具体形象思维占主导。其中，直觉动作思维和具体形象思维的直观性和动作性决定了学前儿童对道德的认知难免受思维特点的束缚，往往只能停留在对具体事件和直接经验的理解上。

而学前儿童道德认知的形成，具体包含道德概念的获得、道德判断或评价的掌握等内容。这些方面的发展状况，都需要思维参与其中，并深受其影响。因此，学前儿童所获得的道德概念的特点往往是具体形象的，且融入了表面性、片面性、笼统性和简单化特质。例如，对助人为乐这个概念的理解，学前儿童倾向于认为只要是帮助他人的行为即可，也不管对方是否有这样的需求，于是就会出现刻意帮助的情形。比如，让自己的爸爸妈妈假装生病，而后拿水和药给他们服用。

同样，在道德判断和道德评价的掌握方面，学前儿童也有类似于道德概念获得状况的特质，且随着年龄的增长，思维形式的逐渐转换，会存在如下的渐进趋势：

其一，由"他律"向"自律"过渡。即起初的道德判断与评价和个体思维欠缺独立性的特征保持一致，依附于成人的标准及要求，渐渐才会脱离成人的评价标准，拥有属于自己的道德判断和评价准则。因此，学前儿童在日常会话中常会有"我爸爸（妈妈或老师）说这样不对……我爸爸（妈妈或老师）说不可以这样，这样做就是坏孩子……"之类的言辞。

其二，由"片面评价"向"全面评价"过渡。对于道德现象，学前儿童的评价往往只着眼于该现象中某一局部，从而出现以偏概全的状况，因此对道德事件的判断也不准确。再则，学前儿童的具体形象思维具有"绝对化"的特点，他们在道德判断上非黑即白、爱憎分明。因此，通过他人表现出来的只言片语，或某些行为举止，学前儿童会主观简单地将其评判为"好人"或"坏人"。

其三，由"评价效果"向"评价动机"过渡。学前早期的思维特点决定了儿童只关注道德事件的结果，从结果得失或好坏判断道德行为的善恶，基本忽视道德行为背后的动机。而后，伴随年龄的增长和思维的转化，学前后期，在判断道德行为方面，他们会逐渐考虑行为后面的原因而非仅在意行为的表象，进而能做出较为合理的道德判断。

其四，由"评价别人"向"评价自己"过渡。在整个学前期，由于儿童思维具有"自我中心性"，在道德事件里，个体对他人的评价多于自己，往往以自己的角度去判断他人言行的好坏，很少将道德判断的矛头指向自己。而后期，这种状况会发生一定程度的改变，儿童会较多地关注自己言行是否存在过错，尽管这种关注还不深入。

2. 环境因素

影响学前儿童道德认知发展的环境因素，主要指其个体的成长环境。而成长环境主要包括家庭环境、幼儿园环境和社会环境三方面。

（1）家庭环境

个体出生后面对的第一个成长环境，即家庭。而家庭环境对个体道德认知的影响，主要取决于个体父母的特征、教养方式、家庭关系及家庭氛围等。其中，有突出影响的就是父母的道德认知状态。学前儿童在成长过程中，每日耳闻目睹父母的言行举止，而父母的道德观念及行为将对学前儿童的道德认知产生潜移默化的影响。如果学前儿童的父母拥有良好的道德观念和行为，并能引导学前儿童对道德事件做较为准确的判断和评价，那么这将促进幼儿道德认知的发展；如果父母自身道德言行欠佳，且不注重对学前儿童的是非对错的观念予以引导，甚至错误指引，那么学前儿童的道德认知发展将会受阻，且有可能畸形发展。

（2）幼儿园环境

学前儿童的另一个重要成长环境，即幼儿园。幼儿园教师的教育特点及方式，都会对学前儿童道德认知的发展有重要作用。教师本人如果拥有良好的道德言行，且注重通过在游戏、活动或日常生活中去引导学前儿童表现出正确的道德言行，那么学前儿童的道德认知势必发展良好。反之，则学前儿童道德认知的发展将缓慢、停滞或倒退。

（3）社会环境

学前儿童在成长中所接触到的社会环境中，对其道德认知发展有重要影响的是同伴交往与影视传媒。在同伴交往方面，学前儿童在与同伴的互动中，将有可能会涉及是非对错的问题，就此他们是如何处理的，这会在一定程度上影响到他们的道德认知和评判。

而在影视传媒方面，主要体现在学前儿童感知到的绘本、动画片或其他影音视频，如果是团结友爱、互相帮助的主题，学前儿童则容易形成良好的道德认知，而如果是打斗暴力、争抢伤害的主题，则学前儿童的道德认知可能会偏颇，这些在心理学的实验研究和现实生活中都能找到例证。

二、学前儿童道德情感的发展

学前儿童道德行为的发展有赖于道德认知的发展，但绝非全部，因为学前儿童究竟会拥有怎样的道德行为，还取决于学前儿童的道德情感，道德情感的内涵，会对学前儿童的道德行为起着促进或阻碍作用。因此，了解和研究学前儿童的道德情感，可增进对其道德行为的诠释。而纵观以往的关于道德情感的研究，不难发现，其焦点为"移情"和"羞愧感"两类情感。为此，本书将从这两个角度分析学前儿童道德情感的发展状况。

1. 移情

移情，是指个体理解他人的情绪和情感状态，并能做出适宜的情感体验和反应。具体到学前儿童身上，就是指他们能区分和辨别情感线索并能推测他人的内部情感状态，进而体验到他人的情绪。例如，学前儿童听故事《丑小鸭》时，丑小鸭因被嘲笑和疏远而感到伤心，有的小朋友为此难过，或为之流泪，这就是移情现象。移情，是个体道德行为的动力源泉，也是道德认知的激活因子，因此，有必要了解学前儿童移情的发展规律。

（1）学前儿童移情的发展规律

根据心理学家弗拉维尔的研究，并结合学前儿童道德情感发展的具体情况，可以将移情发展分为以下三个阶段：

阶段一：非推断的移情阶段（0～1岁）。个体在婴儿期，尚不能区分他人和自己的情绪状态，这一阶段的移情是非常原始的。例如，婴儿看到成人生气或伤心，会出现皱眉或哭泣现象。婴儿的这些情绪反应，并非意味着他能理解别人的情绪感受，仅是伴随他人的情绪，如同条件反射一样做出了相应的情绪反应。

阶段二：自我中心的移情阶段（1～3岁）。2岁左右，个体逐渐开始出现的自我意识，以及此后出现的具有"自我中心"特征之一的具体形象思维，均使这个阶段的学前儿童的移情有显著的自我中心特点，即往往以自己的思维角度、情绪体验或已有经验推断他人的情绪状态。例如，某学前儿童自己摔倒后会很勇敢地站起来，当看到别的小朋友摔倒后大哭不止，他就不能理解这一现象，也无法体会那个小朋友的感受。

阶段三：推断的移情阶段（3～6岁）。此阶段的学前儿童，出现了具有实质意义但不成熟的移情。最初的显著特点是能够较为准确地认知他人的情感，但自己却难以产生相应的情感。例如，教师向学前儿童讲述完《龟兔赛跑》的故事后，问小朋友"你觉得怎样？""你觉得故事中的小白兔怎样？"时，对于第二问题，学前儿童往往能准确回答，但对于第一个问题却难以作答。而在幼儿五六岁时，移情更为到位，不仅能认知他人的情绪情感，并能理解，且可以在自己身上激起相同的情感反应。例如，幼儿看动画片时，如果有主人翁悲伤的镜头，幼儿也会情不自禁地潸然泪下。

（2）学前儿童移情能力的培养

从学前儿童移情发展的历程可见，幼儿期是学前儿童移情转型的关键期，这一阶段的儿童若能得到良好引导，则可顺畅过渡，拥有较强的移情能力。因此，作为学前儿童的教师，有必要了解、培养这个阶段儿童移情能力的方法。较为实用的培养方法有以下几种：

其一，帮助学前儿童学会识别情绪。移情能力的基础，在于幼儿能正确识别他人的情绪状态，才有感同身受的可能性。因此，在教学活动中，可以给学前儿童呈现各种表情图，让幼儿猜测各种表情的意义，并可让他们推测表情由何而来；也可请小朋友根据要求表达某种情绪，让其他的小朋友猜测是哪种情绪。

其二，通过故事、绘本、动画片等载体，引导幼儿感知他人的情绪体验。首先，教师要挑选故事、绘本和动画片，这些素材需要蕴含丰富的情绪元素的情节。然后，教师声情并茂地讲述故事，或者展示绘本和动画片。在此过程中，教师可以突然停顿，给学前儿童留下悬念，激发他们去思考："小羊被其他伙伴欺负了会怎样？它的心情会如何？如果你是小羊会怎么样"等诸如此类的问题，也可在全部故事都陈述完毕后，根据所述情节提及类似的问题。

其三，通过角色扮演游戏，让幼儿切实体会他人的情绪情感。教师可以安排学前儿童扮演他们所熟悉的故事角色，从中感知故事主人翁所面临的具体问题，及由此而生的情绪体验；也可以创设某些模糊情境，让学前儿童发挥自己的想象力完成扮演游戏，并在其中预想、假设和感受扮演角色可能引起的情绪反应。

其四，在日常生活中注意引导幼儿移情。在幼儿园的生活中，学前儿童难免与同伴互动，此过程中有可能会萌发许多冲突和矛盾，在帮助他们解决这些困惑时，可以采用启发式提问引导幼儿移情。例如，某学前儿童摔倒了大哭，有些小朋友不但没有去帮助他反而大笑不止。这时，教师可以问这些小朋友："如果是你摔倒了，你的心情会怎么样？你希望得到帮助吗？当你摔倒了，身边有人笑你，你的心情又如何……"通过类似的提问，可逐渐帮助学前儿童步入移情的正轨。

2. 羞愧感

羞愧感，指个体的道德行为违背道德规范和个人道德原则时产生的道德情感。这种道德情感可促使个体修正自己的言行，使道德行为为自己和他人所接纳。因此，从这种意义上说，羞愧感是个体形成良好道德行为的驱动力。

学前儿童的羞愧感是如何产生的？精神分析学派的鼻祖弗洛伊德做了如下诠释。他认为，在生命早期，父母向孩子提出社会规范的要求，孩子内在的本能和欲望被压制，这时幼儿产生不满情绪，但同时，学前儿童又很焦虑，害怕自己不依从会失去父母对他们的关爱。这样，父母或社会规范的要求与自己本能冲动产生了冲突，矛盾的结果是儿童把不满转向自己，变成自我惩罚，由此也酝酿出了羞愧感。可见，羞愧感是学前儿童在成长中必然会产生的一种道德情感，这对学前儿童道德情感的发展具有重要意义。但是，在心理学发展历史上，关于羞愧感的研究甚少。

德育心理学家库尔奇茨·卡娅关于儿童羞愧感的研究特别值得关注。库尔奇茨·卡娅设计了可以引起儿童羞愧感的情景，以了解儿童对自己的哪些行为感到羞愧，在哪些人面前感到羞愧。实验设计了以下四种情境：① 把儿童领进房间，让他玩一些玩具，并告诉他其中一个玩具是别人的，不能动。如果儿童按捺不住，动了那个玩具，就带他出房间，并观察他的情绪反应。② 组织儿童玩"请你猜"的游戏，用手绢蒙住被试者的眼睛，让他去找一样东西，找到就发奖品。如果为了找东西而偷看，就把这种行为告诉全体小朋友，并观察其情绪反应。③ 让儿童说出一首从头到尾能背出来的歌谣名字，然后让他当着大家的面背诵这首歌谣，当他忘记或背诵错误的时候，故意问"你不是说全能背诵出来吗？"观察他的情绪反应。④ 给儿童布置任务，即回家后用纸做餐巾，作为礼物送给小朋友，强调不管是谁都必须做好，第二天当众检查，观察未完成任务的儿童的情绪反应。

学前儿童羞愧感的产生是有一定前提条件的，即学前儿童的羞愧感是建立在道德概念和道德评价基础上的，因为他们首先要明确并能较为准确地判断自己行为的对错，才能理解他人对其不适宜行为所做的负面评价，进而才能产生羞愧感；如果学前儿童根本不清楚自己的言行是否得当，那么他人的负面评价也就无从理解，故也难以有羞愧感。而学前儿童羞愧感的发展趋势如下：

其一，3 岁儿童表现出初步的羞愧感，但是这并非儿童认识到自己言行的错误所在，而往往是因为成人的批评、责骂、生气等外在刺激直接引发的。因此，这时的羞愧感蕴含有惧怕或胆怯的成分。

其二，学前儿童到 5 岁以后，已经具备初步的道德认知，因此不需要成人进行外在刺激，就能因为自己的过失感到羞愧。这时是一种纯粹的羞愧，不再掺杂惧怕等情绪。

其三，不同年龄阶段的学前儿童，面对不同的对象，羞愧的表现会有不同的状态。一般而言，3～5 岁的幼儿，仅在成人面前流露出羞愧感；而 5～6 岁的儿童，则会在同伴或同学面前表现出羞愧感。

其四，随着年龄的增长，导致学前儿童产生羞愧感的事件会日益增多，且羞愧的表现逐渐由外显转为内隐，这样其内心体验也更加深刻。另外，学前儿童也会因有羞愧感的体验而从中吸取教训，在下次类似情境中尽量避免犯类似的错误。

三、学前儿童道德行为的发展

学前儿童的道德行为与道德认知和道德情感密切联系，然而仅局限于了解学前儿童的道德认知和道德情感，不足以清晰把握道德行为的实质及特征。为此，本书将视角定格于学前儿童道德行为的发展。根据行为的表现形式、本质特征、内在联系等诸多因素，可以将学前儿童的道德行为划分为典型的，且截然相反的两类，即亲社会行为和攻击性行为。

（一）亲社会行为

亲社会行为是一种积极的社会行为，指一个人帮助或打算帮助他人，做有益于他人的事的行为和倾向。包括分享、合作、谦让、捐献、助人、援助、安慰等。对于学前儿童而言，亲社会行为的发生、发展、影响因素和培养方式都存在其独特性，值得探究。

1. 亲社会行为的发生与发展

亲社会行为在婴儿早期就已萌生，3 个月的婴儿能对友善和不友善的行为做出不同反应；8～12 个月婴儿会将自己的玩具递给另一个婴儿；1 岁 6 个月的儿童不仅会接近有困难的人，还能提供某些特定的帮助。例如，看到有小朋友在哭，他们可能会去拉拉手或拍拍肩膀表示安慰，这些都是亲社会行为的雏形。随着年龄的增长，亲社会行为的形态会更加丰盈。例如，2 岁 6 个月～3 岁 6 个月的孩子常常能对自己在假想游戏中表现出的友善行为感到满足；4～6岁的孩子则更多地表现出真的助人行为，而很少假扮助人者的角色。具体而言，学前儿童期的亲社会行为的主要表现形式如下：

其一，分享与助人。学前儿童在早期就出现助人行为，他们会关心他人，包括对他人痛苦的情感予以适当回应，并出现试图帮助他人的行为。心理学家瑞歌德对18个月和30个月的儿童做家务时的表现进行了研究，结果发现，半数以上的儿童帮助成人做了大部分家务，这与儿童对成人及其所从事的活动感兴趣、喜欢模仿、富有创造性分不开。至于分享行为，1岁左右的婴儿，就会将自己的玩具或食物递给其他的小朋友，这时的分享并没有考虑他人的需求；3岁左右的儿童会根据他人的言语要求，做出适宜的分享行为；5岁左右的儿童会根据自己观察他人的需求，做出更为妥帖的分享。

其二，合作。合作行为是指两个或两个以上的个体为达到共同的目标而一起工作的行为，学前儿童的合作行为最初表现在各种游戏活动中，随着年龄递增，合作行为不仅出现在游戏中，还逐渐渗透到日常生活中。

其三，安慰与保护。安慰行为是儿童对他人的负面情绪（如悲伤、哭泣、难过等）所做出的亲社会反应。最早的安慰方式是简单的肢体接触，随着年龄的增长，会出现言语安慰。

2. 亲社会行为的影响因素

学前儿童是否会出现亲社会行为，取决于很多因素，归根到底，就是内在因素和外在因素两大类。

内在因素包括学前儿童的认知、心理特征及状态等，其中核心的因素就是移情。因为亲社会行为是以道德认知和道德情感为前提的，而移情又是道德情感中的核心成分，故移情是亲社会行为产生的核心条件。具体而言，只有当学前儿童感知到他人处于负面情绪状态，或者感知到他人需要帮助时内心才会思考可以采用何种方式帮助对方，才有可能将思考的意图转化为助人行为。唯有如此，亲社会行为才得以产生。

影响学前儿童亲社会行为的外在因素，主要在于成人的引导或示范。在婴幼儿早期，个体的道德认知和道德情感发展尚不完善，因此，对他人的情感状态和需求并不能准确理解。这时，家长或老师如果能帮助他们准确解读，并引导他们实施某种行为，以达到缓解他人不良境遇的目的；或者家长和老师身体力行，向需要帮助的人主动伸出援助之手，这将使拥有模仿的心理特质的儿童在潜移默化中学习亲社会行为。

3. 亲社会行为的培养

关于学前儿童亲社会行为的培养，不同年龄阶段的儿童需要完成不同的基本任务。例如，针对2～4岁的儿童，其主要任务是培养幼儿对周围成人和同龄者的友爱感，使之逐渐形成文明的行为习惯和初步的是非观念。针对4～5岁的儿童，这一年龄阶段的主要任务是培养其道德感，并进一步培养儿童文明的行为和习惯。例如，诚实、与同伴建立良好人际关系、积极参与活动等。针对 5 ~ 6 岁的儿童，其主要任务是以更高标准要求儿童，使其在与成人、同龄人的交往中养成文明的行为习惯，剔除不良个性品质，深化道德观念，培养仁慈情感。

无论培养哪个年龄阶段学前儿童的亲社会行为，都可从以下方面入手：其一，在儿童喜闻乐见的故事、绘本、童话剧、动画片中寻找激发亲社会行为的素材。例如，故事《匹诺曹》《狼来了》可以让学前儿童学会诚实。其二，通过角色扮演、团队活动等游戏实现。前者可以让学前儿童感受和学习文学作品或情景剧中主人翁助人为乐的精神；后者可以让学前儿童体验在互助友爱、齐心协力的基础上，达成团队目标后所产生的成就感，也更能体会与他人合作的意义。其三，为学前儿童塑造易于模仿的榜样。教师或家长寻找的榜样需是在日常生活中有亲社会行为表现的，且与学前儿童年龄相近，并且是他们所熟悉的小朋友，这样他们才有机会与这类小朋友互动，或有机会注意到这些小朋友的良好行为，在此过程中效仿亲社会行为。其四，也是培养亲社会行为最为重要的教养方式，即成人以身作则，与学前儿童建立切实的友好人际互动关系，引导儿童之间友好互动，让儿童亲身体验人间友善，这是培养学前儿童亲社会行为的现实社会基础。

（二）攻击性行为

攻击性行为与亲社会行为相反，是一种消极的社会行为，它是指以伤害某个想逃避此种伤害的个体为目的的任何形式的行为。然而，对于学前儿童的攻击性行为而言，没有如此复杂和深层次的含义，且范畴要宽泛一些，主要指对人和物带来有害结果的行为。

1. 攻击性行为的发生与发展

攻击性行为最早出现的时期，一直存在争议，其争议的焦点就在于学前儿童最早表现出伤害行为时，是否有伤害他人的意图存在。皮亚杰曾提及，当他在七个月的婴儿面前遮挡住他的玩具让他无法触及时，这个孩子就会拍打皮亚杰的手，似乎想将他的手推开。对于这种行为的解析心理学家普遍认为，这并非真正意义上的攻击性行为，因为婴儿并没有伤害他人的意图。随着年龄的递增，儿童逐渐会运用言语协商和分享的方式解决冲突，避免争端。

3 岁以后，也就是在幼儿期，学前儿童的攻击性行为表现出如下值得关注的特点。首先，攻击行为较为频繁，但是杂乱的、无目的的攻击行为会在 4 岁以后彻底消失；其次，幼儿攻击的对象会发生改变，起初幼儿攻击性行为指向的是父母，源于他们的行为被父母限制或阻挠，而后期攻击性行为对象则转移为兄弟姐妹或同伴。再次，幼儿攻击的形式和原因逐渐改变。3 岁初的幼儿主要因为争抢玩具而出现攻击行为，而攻击方式主要是踢打、咬人等；5 岁以后的幼儿身体攻击行为减少，而主要用嘲笑、骂人、取外号等言语攻击形式替代。最后，幼儿攻击行为存在性别差异。相对而言，男孩易于采用躯体攻击的方式，而女孩则常采用言语攻击的方式。另外，在幼儿期，男孩的攻击性行为出现的频次远高于女孩。

2. 攻击性行为的影响因素

通过历年来的心理学实验研究，以及生活实践经验证明，学前儿童攻击性行为受以下诸多因素的影响。

（1）父母的惩罚

学前儿童出现攻击性行为，部分原因可能源于父母因其不恰当行为而实施的惩罚。在这个过程中，儿童往往会体验到不满的情绪，对此，他们的直接反应就是通过攻击性行为表达自己的不满。

另外，在很多家庭教育中，当学前儿童出现攻击性行为时，父母常采用的教育方式就是"以暴制暴"，即试图通过惩罚等方式消除孩子的攻击性行为。然而，这种方式非但不能解决问题，反而只会让儿童变本加厉。这是因为，父母的惩罚，一方面只会让孩子沉浸在畏惧的情绪中，而无法意识到自己的过错，另一方面有可能导致孩子模仿父母解决问题的方式，模仿这种"以暴制暴"的行为。所以，惩罚只会让攻击性行为有增无减。

（2）挫折

挫折是学前儿童出现攻击性行为的一个主导因素。因为一旦儿童遭遇挫折，将伴随很多负面情绪，如失望、愤怒和焦急等。这些负面情绪需要释放，于是，攻击性行为则成为很多儿童宣泄负面情绪的突破口。再则，对于学前儿童而言，很多细微琐碎的事情都可能成为挫折，故挫折引发的攻击性行为较为普遍。

关于挫折对学前儿童攻击性行为的影响，心理学家瓦尔特准备了富有挫折情境的实验。实验者召集儿童去看能够吸引他们的影片，并为每一个儿童分发一些糖果。在放映影片的过程中，瓦尔特设计了一些挫折情境，如放映机出现故障不能顺利播放，或只给儿童看半部电影。而后，让这群儿童和其他未参与这个实验的儿童一起玩游戏。结果发现，参与实验的儿童，出现攻击性行为的比例比没有参与实验的儿童高许多。此实验也成了"挫折是攻击性行为导火索"的佐证。

（3）强化

在现实生活中，学前儿童的攻击性行为频发的原因，常常在于其行为实施后出现了不恰当的强化类型，使得攻击性行为得到肯定和鼓励，反而会增强其再次出现的可能性。例如，被攻击者的惧怕与屈服、同伴的赞赏和起哄、老师的不闻不问等，都会强化儿童的攻击性行为。

（4）模仿

学前儿童攻击性行为出现的另一个原因就是模仿。模仿，是美国心理学家班杜拉极为关注的内容，他详细地阐述了模仿对儿童行为塑造的影响及意义。学前儿童往往无意或有意地模仿攻击性行为，其模仿源头可能是身边熟悉的人出现攻击性行为，或动画片或影视节目中一些暴力的镜头等，如果学前儿童关注到这些现象，将会不经意或刻意模仿这些攻击性行为。

3. 攻击性行为的预防和控制

攻击性行为是学前儿童中一种常见的不良道德行为表现形式。在幼儿园里，儿童的攻击性行为往往只是一种冲动行为，其动机并无伤害性，只是为了释放自己的负面情绪，或为了好玩，或为了引起他人关注。无论出于何种动机的攻击性行为，都可以采用以下方法干预，使其得到预防和控制。

（1）寻找适宜宣泄途径

学前儿童出现攻击性行为，有时是因为愤怒或难过等负面情绪来不及释放，或得不到排解，于是以攻击性方式宣泄。因此，在日常生活中，教师和家长要注重引导儿童识别自己的这种负面情绪，并教会其用合适的方式表达出来。在行为方面，可以参与力量型的活动，如踢球、跑步、练跆拳道。而在言语上，可训练儿童直接地表达自己的情绪，这在一定程度上可避免其攻击性行为的产生。

（2）社会交往技能训练

学前儿童在与他人交往互动中遇到矛盾和冲突时，通常采用攻击性行为解决问题。这是因为他们缺乏交往技巧和有效沟通的方式，这需要成人加以训练。成人可以通过角色扮演、游戏活动等形式，引导学前儿童学会良好的表达和倾听能力，进而提高沟通能力。另外，成人还要帮助学前儿童掌握一些基本的交往技巧，如学会澄清、礼貌询问、道歉、协商和合作等方法，以便较为高效地解决问题。

（3）认知和情感干预

根据认知主义学派的观点，个体的认知方式和内容影响情绪，而情绪会进一步引发行为，这一反应链条在学前儿童身上也不例外。道德行为是基于一定的道德认知和道德情感而成的，所以避免攻击性行为出现的有效方式就是从学前儿童的认知和情感入手，引导其形成合理的、正确的道德认知观念，并能适时移情，对挫折和人际冲突等消极事件，能平静地接纳，乐观地看待，这样就能减少攻击性行为发生的概率。

四、学前儿童道德自制力的发展

（一）自制力概述及发展

自制力是自我控制力的简称，属于坚强意志品质的核心，是指个体对自身心理与行为的主动控制，是个体自觉地选择目标，在没有外部限制的情况下，克服困难，排除干扰，采取某种方式，控制自己的行为，从而保证目标的实现。它表现为意识对自我的协调、组织、监督、校正、调节的作用，从而使自己的整个心理活动系统作为一个能动的主体，与客观现实相互作用，以成功地适应社会。学前儿童的自制力，就是指学前儿童在处于某种道德情境时，能抑制内心的冲动，能抵制外界的不良诱惑，控制和调节自身行为，使其不偏离正确的道德认知观念和道德情感需求的轨道，最终拥有良好道德行为的能力。

而儿童在学前期，个体的自制力发展呈现以下趋势：

1. 儿童两三岁时出现了自制力，但是自制力很差

具体表现在儿童对自己行为的评价、监督、调节和控制能力都很差。例如，儿童出现攻击性行为时，并不知道自己的错误，更不清楚自己错在哪儿。有时儿童虽然知道打人的行为不对，但却控制不了自己的行为，依然出现打人之类的攻击性行为。

2. 儿童的自制力随着年龄增长而呈现上升趋势

尽管 3 岁时，儿童的自制力差，但此后，其心理活动的目的性伴随年龄而日趋明确，因此他们的自制力会随之巩固。不过，3～5 岁的儿童的自制力发展较为缓慢。5～6 岁的儿童，在参与自己感兴趣的活动时，基本上能控制自己，通过调节自己的行为，能够自觉自愿地遵守道德行为规范。

3. 不同年龄阶段的学前儿童在控制自己的愿望和行为时有不同的表现

第一，3～4 岁的儿童不善于控制自己的愿望和行为，容易投入自己感兴趣的事中，且为当前的情景或事务所吸引。例如，幼儿刚把手洗干净准备用餐，结果在途中看到有好玩的玩具，又会不顾是否会弄脏手而玩起来；某个儿童刚和某一小朋友和解，结果两人同时看中了一个新玩具，就会为此争抢不休。第二，4～5 岁的儿童逐步学会控制自己的愿望和行动。例如，在游戏中儿童不会强占很多的玩具，甚至乐于将自己喜欢的玩具与其他小朋友分享。第三，5～6 岁的儿童已经能主动控制自己的愿望和行为了，并愿意服从集体规则或成人的要求。例如，当儿童听了关于分享、谦让的故事后，会在生活中主动将自己喜爱的玩具和食物送给其他小朋友。

4. 学前儿童的自制力表现出明显的性别差异

一般来说，3～6 岁的这个年龄段，女孩的自制力比男孩强，这也就是为什么女孩的攻击性行为少于男孩的原因。

（二）学前儿童自制力的培养

虽然学前儿童的自制力不断增强，但是依然较为薄弱。因此，有必要设法培养其自制力。具体而言，可以从以下角度尝试：

1. 延迟满足

延迟满足，是指个体为了长远的利益而自愿延缓目前需要的满足，这是自制力的表现形式之一。而学前儿童早期，主要获得的满足属于即时满足，也就是有某种需求时，成人都会尽量、尽快满足，而随着年岁的成长，才会出现延迟满足。奥地利心理学教授沃尔特·米歇尔的实验揭示了学前儿童在自己喜爱的食物面前欠缺自制力，难以达成延迟满足。而延迟满足的实现，可以帮助学前儿童增强自制力。因为在他们的需要得到满足之前，他们要经历忍耐焦躁情绪、抵制各种诱惑、耐心安静地等待，而这些品行特质对于自制力的培养极为重要。因此，作为成人，在儿童提出某种需求时，可以适当逐步拖延时间，并在此过程中教会儿童通过转移注意力、言语提醒和激励等方式实现延迟满足。

2. 自我暗示

学前儿童在道德行为的选择上，究竟倾向于亲社会行为，还是攻击性行为，这是一个考验学前儿童自制力的重要内容。学前儿童可能会存在内心冲突的煎熬、犹豫不决的思虑等复杂的心路历程，如果成人能引导儿童在日常生活中面对一些道德困难时，懂得用言语不断地进行积极的自我暗示，那么则可帮助儿童顺利渡过心理挣扎期。成人可以告诉幼儿，当面对一些自己不能确定究竟该做好事还是坏事的情境时，可以不断地以"我是一个好孩子，我相信我一定能做好这件事……做坏事，会让我失去朋友，我需要朋友的陪伴……我是很棒的小孩，坚持一下，我一定能克服这个麻烦的"等诸如此类的暗示影响自己。通过这些训练，学前儿童可逐步增强自制力。

3. 正面强化

学前儿童的自制力整体偏弱，有待提高。因此，当学前儿童自觉或不自觉地出现良好自制力表现时，家长或老师要及时给予肯定和鼓励，尤其对于平日里自制力较差的儿童，只要其在自制力方面有所进步，都要极力嘉奖，由此强化他们良好的自制力表现。

第六章 积极心理学在学前儿童家庭教育中的应用

第一节 积极心理学在学前儿童家庭教育中的作用

学前儿童的教育近年来被各界关注，这不但给幼儿教育工作者带来了压力，也给家长带来了考验，特别是面临孩子从幼儿园步入小学这个"幼衔小"的阶段时，行为习惯差、适应不良、独立自理能力差、人际交往障碍等问题层出不穷，这些问题不但严重影响着孩子的身心发展，也常常困扰着家长们。而良好的家庭教育能有效地预防上述问题的发生，帮助家长树立正确的家庭教育观念。

一、学前儿童家庭教育的现状

（一）忽视幼儿的主观体验

学前期是幼儿发展的重要时期，这一时期的幼儿情感体验最为敏感，而他们的情感体验往往来自父母及整个家庭的教养方式、教育观念、教育目标等。研究发现，大多数父母对教养方式的认知存在偏差，当与孩子发生冲突时，不但缺少与孩子的沟通，还用"暴力镇压"的专制手段处理。这样的做法不但伤害了孩子的自尊，还给孩子带来了恐惧、焦虑的消极情绪体验。反之，如果父母在教育中，耐心与孩子沟通，给予尊重，信心及鼓励，并用正确的言行去引导孩子，做到言传身教，那么带给孩子的更多是积极的幸福体验。

（二）轻德育，重智力

随着社会经济的飞速发展，中国不少家庭越来越注重对孩子的培养，这让他们意识到越早对孩子进行干预训练，越能让孩子出类拔萃，赢在起跑线上。而这一时期的幼儿自控性差、意志力差，在面对繁多复杂的技能训练时，大多表现出排斥与抗拒。家长对技能训练与兴趣、智力开发与天分的混淆认知，让孩子面临着巨大压力，失去了原本的童真，甚至还影响到孩子的身心健康。机械重复的技能训练，不但违背了孩子智力开发的规律，还忽视了对孩子德育的培养。而本该具备的积极品质、个人美德、行为习惯却没得到正确的引导，甚至还给孩子带来了糟糕的情绪体验，产生了消极的影响。

（三）家庭教育结构不合理

目前有研究显示，60%的家庭教育都是由母亲承担，而父亲承担的不足20%，甚至还有20%的幼儿教育由祖辈承担，这是一种不科学、不合理的家庭教育结构。父母作为孩子的第一任老师，其承担的教育责任是旁人无法替代的，他们赋予的爱是孩子情感体验的主要来源，父爱母爱的缺失不利于积极情绪的产生，还可能给幼儿带来分离的焦虑、没有安全感、孤独等消极情绪。而由于祖辈教育能力的不足，任由幼儿自由发展、顺其自然，导致孩子常常以自我为中心，自私、任性，缺少良好的行为习惯和积极品质。

二、积极心理学在家庭教育中的应用

基于上述学前儿童家庭教育的现状，可以借鉴积极心理学中的相关理论，从情绪体验、人格特质、组织机构这几方面出发，分析积极心理学在学前儿童家庭教育中的应用。

（一）注重积极情绪的体验，铺好学前家庭教育的基石

心理学家马丁·塞利格曼认为，乐观积极的情绪对缓解人的压力有举足轻重的作用，因而他提出了"习得性乐观"一词。乐观积极情绪的习得应该从体验开始，在学前幼儿的家庭教育中，父母要善于引导幼儿去发现成长过程中有意义、有价值的东西，激发幼儿潜在的能力，并帮助他们全身心投入其从事的事情中，给予肯定及正面评价，让幼儿体验到正面评价带来的愉悦，增加他们积极的情绪体验，从而获得幸福感。美国心理学家弗瑞德克森认为，积极的情绪体验能够为个体的思想和行为提供充足的能量。当幼儿多次获得积极的情绪体验后，会习得更多良好的行为习惯及个人经验，思维会变得更活跃、认知更全面、反应更灵敏。因此，在学前儿童家庭教育中，父母应摒弃不正确的育儿观，加强对积极行为的引导，重视幼儿感知能力的培养，以情绪体验为中介，塑造幼儿积极的人格品质。

（二）积极品质的形成，是学前家庭教育的最终目标

学前儿童正是身心发展的关键期，而这一时期，幼儿积极品质的形成则应该成为家庭教育的最终目标。

但目前教育观念的不合理、教育能力的不足以及教养方式的偏差，导致了家长对幼儿个性品质的忽视，他们甚至弱化了积极品质对幼儿发展的作用。显然，这样的家庭教育是失败的，家长应该认识到积极品质的具备才是家庭教育的成功，才是家庭教

育的最终目标。因此，家长应关注孩子的心理状况，在遵循其发展规律的同时，注重培养孩子积极的个性品质。善于挖掘孩子身上的闪光点，并及时给予赞扬与认可，帮助孩子正确对待自身的优缺点，预防消极情绪的产生，塑造积极的个人品质。此外，家长还应当引导孩子感受生活中的真善美，激发出他们人性中美好的一面，逐渐形成助人、包容、分享等积极的个人品质。再者，每个孩子都是独一无二的，作为家长应该客观评价每个孩子在智力、行为习惯、学习成绩、性格等方面的差异，帮助孩子正确认识自我、发展自我，建立自尊心、树立自信心，完善人格。

（三）积极社会组织系统的存在，是进行学前儿童家庭教育的现实保障

幸福人生的实现，需要有积极向上的情绪、全身心投入的情感、明确行为的目的和意义、自己产生的成就感、与周围人的和谐相处，要想帮助孩子寻找幸福的人生，首先需要社会系统的支持。家庭作为社会支持系统的重要组成部分，它的功能是其他组织系统无法替代的。

有研究表明，家庭环境的好坏直接影响到孩子日后的行为习惯、人际交往及个性特征等方面的发展。积极的家庭环境能有效地预防甚至减少教育冲突，防止不良情绪及行为问题的产生。对于学前儿童而言，在进入非正式系统的学校教育前，家庭教育与他们身心的发展有着直接联系。家长应掌握基础的幼儿心理学知识，为孩子创造利于成长的家庭环境。比如，和谐的家庭氛围能让孩子体验到更多的积极情绪，从而提升孩子的幸福感，激发其潜在的能量，易形成乐观开朗、勇敢果断、友善等积极的个人品质。

因此，家长应采用科学合理的教养方式，建立良好的亲子关系，不放纵、不专制，学会有效沟通，学会控制自己的情绪，并向孩子传递正面的情绪，以孩子为本，尊重和爱护孩子，让他们有安全感。只有在积极的家庭环境中，幼儿积极的个性品质才能得以形成，积极的情绪体验才能获得。积极家庭环境是实现学前儿童家庭教育的有力保障。

第二节　积极心理学在生活中的应用

一、积极心理学在家庭中的应用

积极心理学在家庭方面有着广泛的应用，主要涉及夫妻关系（婚姻）和亲子关系两个方面。家庭是个体成长的港湾，也是人格塑造和社会化的核心场所。和谐的人际

关系、完善的家庭功能和及时的社会支持，都是保证个体幸福、快乐的重要因素。从情感、认知到行为，积极心理学强调个体是一个独立的家庭成员，也是家庭不可或缺的一分子。如何处理好个人与家庭的关系、如何正确认识和谐家庭的意义、如何建立高效的沟通等是目前积极心理学关注的主要方面。

（一）婚姻

研究发现，在已婚的人群中，有40%的人认为自己很幸福；在未婚人群中，这一比例为23%。抑郁症的发病率在以下人群中从高到低依次为：多次离异者、单次离异者、未婚者、已婚者。可以发现，结婚不仅让人觉得更加幸福，同时也让人更加健康、心理问题更少。这说明，长期稳定的夫妻关系对于个体的身心健康非常重要。同时，夫妻关系也是家庭系统中的核心，对维系整个家庭的健康、有序发展起到了重要的作用。正如美国心理学家迈尔斯所说，良好的、亲切的、互惠的、平等的、长久的亲密关系是个体幸福最好的预言师。那么，如何营造美满的婚姻，让两人都在这一关系中得到滋养呢？积极心理学家对于如何获得幸福的婚姻做了一系列的探索和研究，主要涉及情感、认知和行为三个方面。

1. 婚姻中的积极情感

情感在婚姻关系中起着不可估量的作用，是亲密关系的基础。积极心理学家详细地研究了情感在幸福婚姻中的作用。婚姻幸福的夫妇与婚姻不幸的夫妇相比，婚姻幸福的夫妇表达更少的消极情感、更多的积极情感。积极心理学倡导在家庭中要增加积极情绪的比例。一对夫妻在日常生活中积极情绪与消极情绪的比值应当保持在2：1以上，否则婚姻关系将难以维系。积极情绪指的是正面肯定、快乐、满意、兴趣、情爱等。心理学家迈克尔·麦卡洛认为，经常体验到感激的人们更加快乐、富有同情心，也更少抑郁和焦虑。积极情绪可使人精神振奋、想象丰富、思维敏捷、富有信心、学习效率高。而消极情绪则使人感到枯燥乏味、想象贫乏、思维迟钝、心灰意冷、学习效率低，也更容易使人患各种身心疾病。由于情绪情感的外显性和弥散性，消极情绪不仅影响自己，导致不恰当的回应，同时也能很快被对方感知，从而带来消极结果。所以，积极心理学家建议，进家门之前，应先处理好自己的情绪。

2. 婚姻中的积极认知

如何看待婚姻中的一系列事件，决定了后续的情感和行为反馈，而这对个体婚姻满意度有着重要的影响。研究者们发现，婚姻中的积极认知主要可以归纳为以下三个方面。

（1）归因风格

归因或对事件的解释方式对婚姻满意度的影响较大。归因指的是人们对发生的与自己有关的事件原因的解释。人们一般将个人行为产生的原因分为内部和外部两大类。

内部原因指个体自身所具有的、引起其行为表现的品质和特征，包括个体的人格、情绪、心境、动机、需求、能力、努力等；外部原因指个体自身以外的、引起其行为表现的条件和影响，包括环境条件、情境特征、他人影响等。良好的婚姻关系往往具有正确的归因方式。对于家庭中的消极事件，如丈夫下班后回家晚了，将其归因为暂时的、特殊的外部因素。而对于积极的事件，如妻子通过了考试或者把某一件事情做成功了，将其归因为人格特质。这样对于维持婚姻幸福有很大作用。归因风格不但能预测对配偶行为的反应，还可以预测婚姻幸福水平以及今后婚姻的走向。

（2）共情

共情也就是我们常说的换位思考，站在别人的角度理解和感受对方。在日常生活中，夫妻之间难免会有些误会和争执，这个时候需要"以你心，换我心"，站在对方的角度，就会发现感受和想法都是不同的。如果情绪难平，就问自己一个问题："如果我是他，我会怎么做？会怎么想？"之后平静下来，再进行下一步的积极沟通。共情不仅能融洽婚姻关系，同时也是与他人交往的重要能力。如果个体能够理解和感受对方的思想与情绪，那么误会就会自动消失，双方的关系也会逐渐变得亲近。作为一种高级的情感能力，共情并非天生的，而是在后天的生活和学习中逐渐培养起来的，所以如果自己共情的水平不够，并不需要担心，只要把握共情的要领，在生活和家庭中多多尝试，慢慢就会变得擅长。

（3）欣赏

很多夫妇在恋爱期、婚姻蜜月期都感到难舍难分，"相看两不厌"，但日子久了，最初的好感都慢慢消隐在平淡的生活中。当初那么欣赏的人怎么会是这样的普通？难免琐碎中会生出失望。保持亲密关系的一个前提条件，是要保持对彼此的欣赏。积极心理学强调，要重视并发现配偶的性格优势。要能不断在生活的细微之处发现、挖掘对方的优势，夫妻间最有价值的欣赏是觉察到别人没有觉察到的长处和细微的进步，因为这才是知己者的欣赏。要让对方感受并知晓你的肯定。真诚的欣赏可以使对方产生自我价值感，满足心理需要，并为增进夫妻感情付出更多努力。处理夫妻关系最忌讳的就是忽视对方的积极表现。研究发现，漠视对亲密关系有破坏作用，这传递的实际上是一种不尊重、不接纳的信号。一个人不但要有能力发现对方的优点，更要及时地表达出对对方的欣赏，积极的语言和温暖的非言语表情、行为表达都是主动的途径。

3. 婚姻中的积极行为

如果夫妻双方的积极行为数量多于消极行为数量，则婚姻关系是较令人满意的。一般在幸福的亲密关系中，夫妻一致的行为比不一致的行为要多一些。而不幸福的夫妻则刚好相反，不一致的行为远远多于一致的行为。另外，幸福的婚姻关系中，行为往往不那么可预测。而不幸福的婚姻中，一些消极行为则可以预测，如过度指责、贬低等。一般情况下，问题婚姻的特点表现为，抱怨的次数远远大于祝福的次数。婚姻初期，对于对方为自己的付出通常还会感动，但日子久了，便习以为常了。为了解决这一问题，格特曼建议在婚姻中进行感恩训练，这也是维持婚姻最根本的原则之一。夫妻之间可以每周进行一次感恩的表达，最好当面，也可以是书信的形式。感谢对方在这段时间为自己所做的，感谢生命中彼此的存在、拥有和相知。不断做这样的练习，直到在心里形成感恩的习惯，这样婚姻关系会越来越和睦。

（二）亲子关系

孩子积极的品质得益于良好的亲子互动和家庭氛围。生长在美满和谐的家庭中，孩子才更可能拥有健康积极的人格。积极心理学主要强调培养儿童的幸福感，塑造儿童健全的积极人格。具体而言，主要有以下两个方面：

1. 无条件接纳、欣赏与爱孩子

无条件接纳是指无论自己的孩子是什么样的，都要接纳他，而不会从心底对他产生嫌弃和厌恶感。关爱孩子，而没有任何附加条件。事实上，现在很多家长都是有条件地爱着孩子。大多时候，家长把学习成绩看得比孩子的幸福感更加重要。为了提高成绩，使用各种教育手段和控制手段。不少父母都有很多未完成的心愿，把自己的希望寄托在孩子身上，把孩子当作家庭成功和荣誉实现的工具。这些都是有条件的爱。如果孩子没有达到自己的要求，就觉得孩子不够好，而不那么爱他，态度发生转变；如果孩子成绩提高了，满足了自己的期望，就加倍爱他。这样的爱是不成熟的。在这样的氛围影响下，孩子往往会根据成绩好坏来评价自己的价值，长大后缺少对自己价值的真正认可，而形成不稳定的自尊。

积极心理学倡导家长要充分发掘孩子的潜能，让孩子的生命就像一棵奋力生长的树，茂密、坚实、挺拔，每个枝条都充分舒展，叶子闪闪发亮，自由地呼吸，散发着独一无二的气息。作为家长，要做到无条件地欣赏孩子，积极发现孩子的优势和身上的闪光点，并提供环境激发孩子在该方面的潜能，促进他的优势得到最大化的发挥。对于正确的行为要及时给予鼓励和强化，让他们感受到取得进步、获得赞赏的喜悦，成为一个自主的、有创造力的、不断成长的人。只有当孩子认为自己无论怎样，家庭都会成为自己的避风港，父母都会帮助自己时，孩子才会形成足够的安全感和勇气、稳定的信心和自尊。

2. 培养孩子乐观与坚毅的精神品质

积极心理学倡导培养孩子的乐观精神品质，让他们养成从积极角度看问题的能力。在此，必须要说明的是，乐观精神的培养不在于说教，而需要家长以身作则，营造快乐的家庭气氛。在具有良好氛围的家庭中，成员彼此关怀，互相理解，感情融洽，家长和孩子的身心状态都很好。

家长还要善于从逆境中发现事情积极的方面，灵活地处理挫折和失败。家长要努力控制自己，不要将悲观的人生观展示给孩子。家长应当每天和孩子多交流开心的事，多讲开心的话题，多让孩子说说今天发生的开心事，这样的"开心练习"可以训练孩子捕捉积极的能力。

挫折对一个人的成长是必不可少的。积极心理学研究人的心理复原力，即面对挫折时能采取客观而又乐观的心来应对的能力。心理复原力强的孩子，在以后的生活中，遇到挫折能客观认识和对待，并能坚强地战胜它。在这个方面，家长要培养孩子自身克服挫折的能力，培养孩子去承担责任的意识。

二、积极心理学在学校中的应用

学校心理健康教育应该与时俱进，给心理健康教育注入积极心理因素，并更多地关注和建设学生的优势和正面的力量。具体来说，积极心理学取向的心理健康教育主要包括三层含义：其一，关注人的积极的认知加工，以积极的方法看待世界，如乐观、希望、自我接纳、自尊、宽容、逆境中的心理复原力、审美体验、智慧灵性等；其二，关注人积极的情绪体验，包括人类的幸福感、满意感、流畅感、快乐感等；其三，关注人对社会的积极态度，包括社会凝聚力、利他行为、社会责任感、宽恕、仁慈、爱的能力等。其中，幸福感教育尤为重要，为此，可以通过下列途径提高学生的幸福感。

（一）增加学生的积极情感体验

一是，要帮助学生经常体验愉快的情感，这样有助于发展其自我感受能力和自我决定能力，促进其形成良好的人际关系。良好的感受又会使人产生做事的兴趣，更愿意从事冒险和有创造力的事情，从而产生"螺旋式上升的情感体验"。增加学生愉快体验的途径有：让学生尝试享受这些新体验，即有意识地关注愉快，并通过回忆或故事讲述等方式进行积极情感的再体验；指导学生用积极的情感对所体验到的心理现象甚至是心理困扰做出积极的解释；帮助学生做到满意地对待过去，幸福地感受当下和乐观地面对未来；还可以通过提高学生活动的多样性或日常愉快活动的总量等来增加学生愉快体验的次数。

二是，日常生活的精神体验和快乐体验应该富有变化和挑战，具有新意，而不是一成不变。

三是，促使学生主动参与到快乐活动中去。积极心理学家指出，社会活动和体育活动是情绪提升的两种最有力的活动形式。因此，要倡导主动参加集体活动和体育活动。此外，休闲娱乐也是提高积极情感和愉快感的一个重要方式。

四是，鼓励学生记录——幸福日记：每天晚上记录下当天进展顺利的事情，体验这些事情带来的感觉，这样可以使学生有效享受积极的情感体验。

（二）挖掘学生积极的性格优势

积极心理学家发现所有的文化都推崇 6 种美德，即智慧、勇气、仁爱、正义、节制和升华，具体包括 24 种性格优势，如创造性、好奇心、开放性思维、好学、洞察力、勇敢、毅力、正直、活力、爱、仁慈、社交智慧、社会责任感、公平、领导力、宽恕、谦虚、谨慎、自我管理、美的领悟、感恩、乐观、幽默、信仰等。这些性格优势或多或少地在每个学生身上都会有所表现，关键的是要让学生学会自己发现，积极寻找自己和他人的性格优势，并逐步培养那些自己不具备的品质。同时，帮助学生学会用自己的性格优势去积极生活。

（三）引导学生体验与追求人生的价值和意义

积极心理学看重生活的意义对提升幸福感的作用。因此，要为学生创造积极参与社会服务的机会。塞利格曼建议个体需要拥有机会为他人、社区和社会作出贡献，在这些过程中他们能够发现和体验到社会幸福感。

自我决定和娱乐活动，能够为个体提供一些"制造意义"的机会。在紧张的学习生活之余，给学生提供专门的途径和机会，让学生投入社会和志愿服务中去，如义务支教、清扫公共场所、到敬老院为老人服务等，这些形式的公益服务可以让学生体验存在的价值和奉献的快乐与幸福。

要引导学生积极追求人生价值。我们的生命有三个层次，即"生理生命""内涵生命"和"超越生命"。"生理生命"指人作为生物体的存活；"内涵生命"涉及人生的幸福程度，即单位时间内经历的事情越多，内涵生命就越丰富，就等于延长了生理生命的存在；"超越生命"则涉及人对生理生命限制的超越，即人寻找永恒与不朽的冲动和努力。引导学生体验幸福，不能仅仅让他们满足于生理上一时的快感，更要让他们不断地从人生的一个又一个的超越中，体验自身价值的实现，体验超越自身带来的快乐。这样的超越既包括在学习成绩上的不断提高，也包括优势的建构、缺点的克服，更是指对人生意义的坚持追求。

第三节　积极心理学的反思与未来发展方向

一、积极心理学的反思

虽然近年来积极心理学在社会各个层面的应用中取得了长足发展，但是也暴露出一些问题和不足。在影响不断扩大的同时，这些问题无疑会阻碍积极心理学应用的推广和发展。进一步了解和反思当前存在的局限和不足，有助于我们更好地完善积极心理学相关的理论和实践方法。这里，结合目前研究者们提出的思考和建议，对当前积极心理学的局限进行阐述。

（一）测评手段有待完善

就积极心理学而言，幸福感是其中的一个核心概念。多数积极心理学的应用也旨在培养和提升人们的幸福感，以抵抗消极情绪和认知的影响，从而预防心理问题的发生。幸福感既是人的情绪上的终极体验，也是生活上的追寻目标。因为幸福感的存在，生活才充满意义，而逆境和挫折也能在幸福感的作用下转化为一种精神财富。

然而，问题在于：幸福究竟是什么呢？尽管积极心理学学者对幸福感已经做了很多解答，哲学上也有无数可供参考的定义，但在实际的操作中，如何准确地定义、测评幸福感，仍然是一个十分重要而又难以解决的问题。目前来看，大多数学者将幸福感界定为：个体根据自己的标准对现有的生活质量进行综合评价之后获得的一种体验。这种体验与个体理想中的生活相符的程度越高，则幸福感越高，反之亦然。这就是我们常说的主观幸福感。

由此可见，主观幸福感是个体对自我本身和周遭环境及时间的认知评价和情绪感受的综合，但在实际研究过程中，如此的界定难免有以下困扰。

1. 脱离特定的环境和个人经验

例如，两位受测者的主观幸福感得分一致，但他们处在不同的境遇中：一位生活富足，一帆风顺；一位相对窘迫，诸事不顺。那么二者的得分必然代表了不同的意义。前者的幸福感可能基于真实生活的反馈，而后者的幸福感则基于主观的调适，二者来源不同，相比的意义便大打折扣。进而，在这种不同的环境中，维持相同水平的主观幸福感需要的意志与认知过程也会不同，越是在逆境中，个体心理调适就越需要资源。然而，目前的研究尚难以区分上述的差异，也未能采取有效的办法来排斥环境和个人经验对主观幸福感评估的影响。

2. 自陈报告过于主观

虽然自陈报告是广泛采用的心理学方法，但主观幸福感与其他心理变量有着明显的不同。以抑郁自评为例，个体对自己的睡眠、饮食有着相对明确和直观的感受，对低落和沮丧等也有着深刻的认识，因而在自陈中，只要受测者是配合的，有着获取真实测量结果的主观意愿，那么测量结果在大多数情况下就是可信的。当个体被别人问及自身抑郁程度时，大多数人能够做出相差无几的评断。但就主观幸福感而言，大多数人对这个概念本身缺乏明确的认识。

3. 难以明确道德基础

作为群居动物的人类，幸福感是主观的，但对于群体法则，道德感是客观的。有的人把幸福建立在道德法则之上，称之为"绿色幸福"，而有的人为了获取主观的幸福违背道德法则，称之为"黑色幸福"。这便存在一个明显的局限，有的人违法乱纪、违背道德准则，为了追求自己的幸福不择手段，这样同样可以带来主观幸福感和自我实现的感觉。然而，这些获得幸福感的方式需要抵制而不是鼓励。虽然在大多数情况下，价值中立式的研究受到广泛认可，但在主观幸福感的范畴中，价值中立态度似乎会削弱人们的道德意识。

为了解决这一问题，有研究者尝试将幸福感的定义清单化，提出了"客观清单理论"，以对幸福感进行操作性定义。这些清单包括生活状态、身体健康、想象力、创造力、人际关系、归属感和能力发挥等一系列因素。这种尝试是一个很好的方向，但仍然存在诸多问题。一是如何保证客观测量与主观自陈的高相关度。有时候，有人自我报告幸福感水平高，客观测量却很低，有的人则相反。二是如何将客观测量的条目划分为维度，整合为一个整体，以及各个条目在总评估中占到的比重如何。如果想要准确地测量幸福感，这些都是不得不解决的关键问题。

综上所述，无论是主观测量，还是客观测量，二者各有所长。而互相补充虽然在理论上是可行的，但实际操作起来也是困难重重。时至今日，积极心理学领域的幸福感仍然是一个复杂而不明确的概念。这导致在实际的应用过程中，我们难以进行可信的评估，难以评估便难以明确哪些改变是由幸福感的变化引起的，哪些变化又可以影响幸福感。这些问题从根本上阻碍了积极心理学的发展。

（二）对积极的一面过度夸大

人类社会发展早期，由于生产力水平低下，人们大多数时间在为温饱问题而挣扎。随着社会的迅速发展，现在人们已经过上了富足的生活，与早期强调吃苦精神和生存能力相比，现代人更多地开始追求物质生活满足之后精神上的满足。与此同时，无论是哲学还是心理学，都逐渐开始关注如何使人们过得更幸福。事实上，现在人们的重要任务不是如何生活下去，而是如何幸福地生活下去。传统心理学一直致力于帮助人们最大限度地消除生活中的问题和消极情绪，这似乎暗示了人们，只要消除了生活中的消极面就可以获得幸福。可事实上，仍然有许多人生活上一帆风顺，却不能感受到足够的幸福。有研究发现，与消极情绪的减少相比，积极情绪的增加更能让人觉得幸福。还有研究表明，积极与消极是两个相对独立的维度，而不是此消彼长的关系。这表明预防和消除消极的一面十分重要，培养和增强积极的一面也同样重要。积极的情绪和认知给个体带来了莫大的好处，如更能应对挫折和压力等。于是积极心理学应运而生，并就如何提升人的积极心理付出了大量的努力。然而，正是这种对积极的过度关注，逐渐使积极心理学成为被别人诟病的一个问题。

一方面，过度强调积极的一面，忽视了消极信息潜在的收益。从进化的角度讲，消极的情绪反馈具有保护作用，提醒个体当前环境存在威胁，或者迅速做出反馈，以避免进一步的伤害。研究发现，那些能尽快察觉消极线索并且做出反应的个体，更容易在危险事件中存活，那些情绪反馈较为激烈的个体更容易获得群体成员的照顾。因此，消极的一面虽然带来痛苦的体验，但其适应性的一面是不可忽视的。另一方面，积极并非万能的。

总而言之，进化机制决定了人们的生存必然要依赖各种积极和消极因素的相互作用。积极心理学从理论建构到应用实践，都应该把握住这种辩证的平衡。如果只是片面地考虑积极的一面，那就无法了解生活的复杂性。任何事物都是一把双刃剑，当把消极与悲伤、失败联系在一起时，它是一个实实在在的符号，代表了人们对逆境的厌恶，但当它与适应、保护联系在一起时，其同样是一个有具体意义的符号，但却代表了截然不同的内容。因而，情境决定了结果。于本质而言，并没有所谓的消极和积极，只是不同事物在不同场景下的现象而已。心理学工作者需要关注的不是如何把心理过程标签化，留下积极的，抹去消极的，而是帮助人们了解心理过程的规律，心理状态会在哪里、在何时以及为什么会发生变化。

在实际的心理治疗中，一味强调积极的一面反而会给个体带来负面结果。因此，在实际应用中，消极与积极是相对的概念，应辩证地平衡二者的关系，拓展积极心理学应用、夯实积极心理学理论基础。

（三）价值原则存在理论局限

积极心理学在科学研究原则的指导下得出了经得起验证的结果，但有一个类似悖论的理论基础没有解释清楚，即积极心理学如何遵循了科学研究的价值中立原则。休谟最早提出了科学研究的价值中立原则。他认为，人类知识可以分为两种：一是关于事实，是或者不是；二是关于价值，应该或者不应该。科学进行的是对事实的探究，而不是价值评判。经过逻辑实证主义的补充，科学价值中立包含四个主要方面：一是研究者价值中立，研究时不包含期待和情感，奉行科学的禁欲主义；二是研究对象价值中立，不包含期待和倾向；三是研究方法中立；四是结果中立，即研究结果是一个确认的事实，它只是一个纯粹的描述而不包含引导、诱发和激励成分。

可以认为，科学心理学遵循了价值中立原则。标准的实验流程、随机双盲和客观报告结果，都是研究者们为了价值中立原则而付出的努力。就积极心理学而言，事实是研究者们把一个明确的价值体系建立在价值中立原则之上。对积极的界定与追求本身就是一种价值判断，基于此，积极心理学便没有遵循价值中立原则。诸如，告诉主试、被试对研究不要有预期和价值判断（双盲），因为只有这样得出的结果，才是科学可信的。然后在实际操作过程中，参与者们又不得不产生价值明确的认知和行为。实际上，所谓的双盲便是一种掩耳盗铃。

因此，从科学的价值中立原则角度，对于是否完全遵循了科学实证的研究规则，积极心理学并不能自圆其说。这一理论局限使得积极心理学陷入了科学性的争论之中。

二、积极心理学的未来方向

积极心理学存在一些不可否认的不足，但并不能因此忽视其在生活应用中所发挥的重要作用。任何心理学理论和流派的发展都是一个长期完善的过程。当前积极心理学所遭遇的困境，可能是自身理论建构不足的表现，也可能是因为相关证据尚未被发掘。因此，无论是开阔的应用前景还是阻碍发展的局限，都不能一概而论。应当以建设性的态度来看待积极心理学的应用发展。在大力推广、服务于社会实践的同时，也要保持探索学习的态度，尝试进一步完善和加强积极心理学应用的理论和实践体系建设。

（一）积极心理学与生理健康

当前研究大多关注了积极心理学对个体心理健康带来的显著效应。生理作为心理的承载基础，必然受到心理变化的影响。大量研究表明，心理状态与脑神经活动、免疫力、内分泌系统、性功能、疼痛和术后康复等一系列生理活动关系密切。今后的研究可以尝试探索积极心理学的脑神经机制和其对个体生理健康的影响。一方面，这可以从生理上明确积极品质存在的合理性，同时拓展认知神经科学的研究成果；另一方面，这可以促进积极心理学在生理健康恢复上的应用。

（二）积极心理学与宏观社会生态

先前的研究通常关注个体，即明确个体具备的积极品质，发掘和培养个体积极的认知、行为和情感，最终帮助个体拥有幸福生活。但是，作为群居物种的人类，无论是精神还是物质的追求，都脱离不了群体的环境。只有把个体限定在某一群体和文化中，心理活动才变得更加丰富和有意义。尤其是在集体主义盛行的东方国家，幸福和快乐在很多时候都不是一个人的事情。个体不得不考虑群体中的其他成员，同时也受到他人的影响。因此，积极心理学单纯强调对个体的改造，实际上是窄化了自己的理论范畴和应用前景。随着社会的迅速发展，文化更加丰富多元，人与人的联结也更加紧密。积极心理学可以放眼更加宏观的社会生态，尝试从群体、组织和人际互动的角度来构建宏观的社会生态体系，一方面充实自己的理论建构，一方面拓展自己的应用范围。

积极心理学作为社会科学的一个重要组成部分，了解社会规律、改善社会现象是其终极目标。积极心理学在推动整个人类社会秩序改良、完善和丰富人们精神生活、满足不断增长的心理需求方面，均有着巨大的应用前景。

（三）积极心理学与教育

积极心理学自提出以来，就在教育领域掀起了一股改革的浪潮。但就目前来看，积极心理学在辅助教育，使其发挥更大价值方面还有很多值得探索的方向。

教育重在对人的社会性转化，使个体能够尽快地传承文化、知识，发展生存技能，它更加偏向实务。而积极心理学同样重视转化，但更偏向心理积极，使个体发展和完善健康心态。积极心理学与教育融合在一起，能帮助个体顺利社会化，让个体既能学习社会技能和道德准则，又能培养健康积极的心态，这也正是个体成长的目标。作为基本的社会领域，教育可以说与各行各业都有着千丝万缕的联系。它一方面是个体潜能的发展力和生产力，另一方面也是消极情绪的抵抗力。教育还有一个明显的功能，就是通过知识、经验和心态的传递来使各种危险的、消极的事态消失于萌芽中。不论是心理问题还是生理问题，治疗可以说都是亡羊补牢，在问题发生之后解决问题，不仅会给个体身心带来痕迹，同时也损耗大量资源。相比之下，积极心理学取向下的教育便是使人走向更加高级与高尚的途径。积极心理学视角下的教育，不仅要让学生快乐学习，更要让学生学会发掘和培养积极力量，形成积极人格。因此，在理论研究方面，积极心理学需要不断明确现有的教育概念，充实新的概念，探索与教育的恰当融合。同时，要进一步开展方法多样、过程严谨的积极教育的实证学术研究。在实践应用方面，积极心理学最大的价值莫过于解决现实问题与预防问题。因此，着眼于如何发展积极教育模式、积极成长模式，以及问题导向的应用策略，是积极心理学应该关注的方向。

参考文献

[1] 盖笑松. 积极心理学 [M]. 上海：上海教育出版社，2020.

[2] 苏曼. 沟通中的行为心理学 [M]. 苏州：古吴轩出版社，2020.

[3] 丁芳盛，黄建钢. 积极的社会心理管理学 [M]. 南京：江苏人民出版社，2020.

[4] 陈俊雄. 心理学基础知识与咨询技能入门 [M]. 北京：中国轻工业出版社，2020.

[5] 张璐. 心理学与抗压力 [M]. 北京：中国纺织出版社，2020.

[6] 张建波，周嘉禾. 学前儿童科学教育 [M]. 南京：河海大学出版社，2019.

[7] 赵朵，周金梅. 学前比较教育 [M]. 镇江：江苏大学出版社，2019.

[8] 李贺，杨云舒. 学前教育史 [M]. 北京：北京理工大学出版社，2019.

[9] 谭赟赟. 科学理念引领下的学前教育探索 [M]. 中国原子能出版社，2019.

[10] 叶逢福，赖勇强. 学前教育的理论探索与创新实践 [M]. 北京：北京航空航天大学出版社，2019.

[11] 邢海燕，马成尧. 学前教育基础知识 [M]. 北京：北京理工大学出版社，2017.

[12] 王萍. 积极心理学应用于组织工作的研究 [M]. 武汉：中国地质大学出版社，2019.

[13] 葛鲁嘉. 理论心理学研究书系心理学新思潮 [M]. 杭州：浙江教育出版社，2019.

[14] 潘鸿生. 沟通心理学 [M]. 天津：百花文艺出版社，2019.

[15] 刘敏钰. 学前儿童科学教育 [M]. 北京：科学出版社，2018.

[16] 郑晓边. 学前儿童健康教育 [M]. 武汉：武汉大学出版社，2018.

[17] 万超. 学前教育学 [M]. 长春：东北师范大学出版社，2018.

[18] 唐淑. 学前教育史 [M]. 北京：人民教育出版社，2018.

[19] 滕宇，王艳红. 学前教育原理与实践 [M]. 北京：北京理工大学出版社，2018.

[20] 郑三元，邹巧玲. 学前教育学基础 [M]. 北京：北京理工大学出版社，2018.

[21] 宋丽博，刘翠萍. 学前教育政策法规 [M]. 北京：航空工业出版社，2018.

[22] 曹刘霞. 儿童积极心理学 [M]. 成都：四川科学技术出版社，2018.

[23] 穆臣刚. 心理学与情绪控制 [M]. 成都：天地出版社，2018.

[24] 罗品超 . 学校管理心理学 [M]. 武汉：华中科技大学出版社，2017.

[25] 苏碧洋，张美兰 . 普通心理学 [M]. 厦门：厦门大学出版社，2017.

[26] 鸿雁 . 人际关系心理学 [M]. 长春：吉林文史出版社，2017.

[27] 郑福明，骆风 . 学前儿童家庭教育 [M]. 北京：教育科学出版社，2017.

[28] 李燕，张惠敏 . 学前儿童家庭与社区教育 [M]. 北京：高等教育出版社，2017.

[29] 沈佩琪，张丽微 . 学前儿童家庭与社区教育 [M]. 长春：吉林大学出版社，2017.

[30] 朱凯利 . 学前教育学 [M]. 西安：西北大学出版社，2017.

[31] 蔡迎旗 . 学前教育专业系列教材学前教育原理 [M]. 武汉：华中师范大学出版社，2017.

[32] 赵光伟，李利芹 . 学前教育原理 [M]. 武汉：华中师范大学出版社，2017.